||||| |||||||||||| |||||| ||||| | ||||
I0141034

NOBODIES
KOKORO

IN NOMINE PILU
(TOGHE, ESCORT, COCAINA)

LIBRO 3

PERPENDICOLARI E TANGENTI

PERPENDICOLARI E TANGENTI

I

L'AVVOCATO, L'AGENZIA, L'INDUSTRIALE

Dove la giustizia è credibile
anche la famosa omertà mafiosa
scompare. (Giorgio Bocca)

In questo duemilaotto è iniziata la crisi mondiale, anche il tipo di autovetture richieste dai concessionari è cambiata, oramai nell'ultimo trimestre tiro le somme, è almeno un anno che non ordinano auto con cilindrate oltre i tremila, da mesi ordinano auto di media cilindrata, la crisi la sento. Qualche mese dopo aver denunciato Frida avevo preventivato che avrei dovuto lasciare casa, vivere nomade; infatti, ho acquistato diversi kit da viaggio, ma per combattere servono anche i soldi, questa crisi mi preoccupa, sarà difficile fronteggiare questa situazione con pochi soldi se continua in questo modo;

Mi telefona Enzo, mi chiede di raggiungerlo con urgenza, è strano che Enzo mi contatti per parlarmi quando non si tratta di escort o di auto, inoltre non è uno che si fa problemi a parlare al telefono. Mi appare strana da parte sua una breve chiamata in cui mi chiede di raggiungerlo appena possibile, voglio proprio capire che ha da dirmi, quando arrivo a Rodengo (BS) è agitato e mi dice che ha incontrato Alberto; non comprendo perché dovrebbe essere agitato, non mi è sembrato che Alberto fosse un tipo violento, prepotente e manipolatorio sì, ma non uno che ti dà un pugno in faccia, quindi mi appare esagerata la sua preoccupazione soprattutto perché di importatori di auto italiani se ne trovano pochi. Mi racconta una storia che mi fa intendere quanto ci sia del marcio nelle istituzioni, mi dice che lo avevano chiamato oltre un anno fa in agenzia delle entrate a Lecco per chiedergli di testimoniare il falso, ma non capisco che intenda, gli chiedo maggiori dettagli, racconta che Alberto con la sua famiglia aveva un'importante azienda a Mandello del Lario. Il nome del paese non mi dice nulla, ma non sono un esperto di geografia; quindi, annoto su un blocco che ho sempre in tasca e il racconto di Enzo continua. Alberto circa due anni fa, avvalendosi di un avvocato che è stato sindaco di Milano ha vinto una causa contro l'agenzia delle entrate di Lecco e questa è stata condannata a pagare circa un milione e mezzo di euro di risarcimento. Poiché non lo volevano pagare hanno chiesto a Enzo, di modo che non potesse rifiutare, di dichiarare il falso e la dichiarazione consisteva nel sottoscrivere che Alberto gli faceva firmare dei fogli in bianco e lui, Enzo, li firmava perché è malato e necessita di soldi per le medicine. Inoltre, doveva dire di non aver mai emesso fatture in quell'anno, ma in verità ne aveva emesse oltre cento; se non ricordo male, una delle poche che mi aveva prodotto, era la numero centoventi. Enzo gesticola mentre parla, ha in mano un piccolo plico di circa venti fogli tenuti assieme da graffette poste su un lato. Pensavo fosse un contratto di qualcosa, invece sono le sue dichiarazioni fatte in agenzia delle entrate, la copia notificata ad Alberto quando lo hanno chiamato con l'avvocato (sempre l'ex sindaco di Milano), accusandolo di essere l'amministratore di fatto dell'azienda di Enzo e obbligandolo a patteggiare una condanna e un milione e mezzo di euro di sanzioni. Ora ho capito il gioco: Alberto ha vinto una causa e l'agenzia delle entrate è stata condannata al pagamento della somma di circa un milione e mezzo di euro. Peraltro, dopo un anno sono andati in compensazione avendo corrotto un testimone e manipolando così un giudizio. In seguito a ció è stato condannato al pagamento di una multa pari a circa il valore di quello che loro dovevano risarcire, pena sospesa: Una chiara ritorsione con punizione accessoria per aver osato chiedere i danni; Constato quanto mi dice quando mi fa leggere il cartaceo in suo possesso. Mi viene in mente il comportamento del personaggio in agenzia delle entrate a Lecco, il suo sentirsi onnipotente e la sua risata, quella risata che sembra il raglio di un asino. Mentre leggo, Enzo si ricorda il nome dell'avvocato di Alberto: Pisapia; mi racconta inoltre il fatto che, quando Alberto ha vinto contro l'agenzia delle entrate, ne hanno parlato le prime pagine dei quotidiani di Lecco e provincia; gli chiedo cosa centri tutto questo con me. A suo dire, adesso lui potrebbe non essere più in grado di fornirmi auto, la cosa mi preoccupa, soprattutto perché temo che un altro fornitore mi potrebbe fregare. Inoltre, so per certo che Enzo ha una sorta di locale, sarà un Garage o un seminterrato che usa come ufficio e va sempre da qualche parte e non con escort o alle VLT, ha un posto segreto dove tiene la documentazione, non la tiene nella casa popolare dove vive con la madre. Enzo mi racconta anche che nel processo della carrozzeria di Mandello, in tribunale, Alberto ha dichiarato qualcosa di simile a «Non ho frodato l'iva, ma siccome mi accusate di farlo, ora lo farò». Pianifico di fare un salto a vedere dove si trova Mandello del Lario (LC) e vedere chi era Alberto, devo capire cosa c'è dietro queste situazioni.

Tre giorni dopo, nel primo pomeriggio, vado in direzione di Mandello del Lario (LC) e quando finisco nei paesini mi deprimo, non fanno per me. Arrivo e parcheggio, per prima cosa cerco un bar, voglio una brioche, mentre guardo nel piazzale in tutte le direzioni, noto dal lato opposto al lago un capannone di quelli industriali appuntiti con il nome dell'azienda a lettere di notevoli dimensioni, saranno alte almeno un metro; quello è un cognome, e non mi è estraneo, è il cognome di Alberto; non pensavo avesse un'attività così grossa, faccio una foto col mio Nokia, poi cerco un bar, non lo trovo a piedi, devo risalire in auto e spostarmi per trovarlo, in questi paesini è facile trovare parcheggio, entro nel primo bar e ordino; i lecchesi sono molto più aperti dei bergamaschi, quando al barman chiedo cosa si faccia in quel capannone così grosso che ho visto mentre guidavo, mi dicono che la finanza lo ha chiuso e vi è il fallimento in tribunale. Sono persone note e importanti nel paese e quando è scoppiato il tutto, ci sono stati articoli anche sul sole ventiquattrore, è una storia di qualche anno prima, non molti, duemilacinque forse, non lo ricorda, mangio la brioche alla crema, bevo il cappuccino, pago e me ne vado.

II

A NOVANTA MEGLIO DI JESSICA

> La servitù incatena pochi,
> parecchi vi si incatenano.
> (Lucio Anneo Seneca)

> Una puttana mi ha detto che mi avrebbe
> fatto qualsiasi cosa per cinquanta
> dollari. Così glieli ho dati e le ho detto:
> Dipingimi la casa!
> (Henny Youngman)

Squilla il telefono, mi dice di essere della procura di bergamo, devo presentarmi in una sezione distaccata, si trova in via Nicolodi, dietro la caserma dei pompieri, mi chiede di raggiungerlo oggi, la linea è disturbata, si sente male.

Arrivo davanti alla stazione dei pompieri, parcheggio l'auto ed entro in questa via secondaria, via Nicolodi, c'è un cancellino sulla destra, si vede che è un ufficio pubblico, entro e chiedo informazioni, mi dicono di andare lungo il corridoio che è abbastanza ampio, sono davanti alla porta che mi hanno indicato, busso.

M «Buongiorno sono Marco [cognome]»

Rizzo «Chi?»

M «Marco [cognome], mi ha chiamato lei per venire qua per delle informazioni, deve essere per una denuncia che ho fatto.»

Rizzo «Ah, sì [cognome], piacere sono l'appuntato Rizzo, il magistrato mi ha dato incarico di fare le indagini…»

M «Ok, ma perché la Guardia di Finanza?»

Rizzo «Come?»

M «Lei è della Guardia di Finanza, perché è la guardia di finanza a indagare?»

Rizzo «Il giudice ha delegato me a fare le indagini.»

M «Ah, ok.»

Rizzo «Ecco vediamo dov'è il fascicolo, ah ecco, si. Ah, ecco, sa cosa c'è [cognome]?!»

M «No, cosa?»

Rizzo «Ecco, io non so come dirglielo, il giudice vuole che lei si ritiri…, guardi cosa c'è sul fascicolo.»

M «È una casella sulla copertina che si può barrare, non c'è scritto che il giudice ha detto che io mi devo ritirare.»

Rizzo «Eh lo so, ma il giudice lo ha detto a me.»

M «Come si chiama il giudice?»

Rizzo «Cantù»

M «Giudice Cantù?»

Rizzo «Si, [cognome]»

M «Può chiamare il giudice?»

Rizzo «Ma [cognome], il giudice con lei non parla.»

M «Ok, bene, chiami e metta in viva voce e mi faccia sentire che il giudice ha chiesto che io mi devo ritirare.»

Rizzo inizia ad urlare «[COGNOME], LEI SI DEVE RITIRARE!»

M «No, io non mi ritiro, me lo dirà il giudice in tribunale che vuole che io mi ritiri e poi vediamo.»

Rizzo «Allora non si ritira?»

M «No»

Rizzo «Allora la richiamo, adesso non so come fare, il giudice adesso si arrabbia perché lei non si è ritirato.»

M «Ok, arrivederci, grazie»

Rizzo «Arrivederci»

Dopo qualche giorno altra chiamata da Rizzo per presentarmi presso il suo ufficio, solita storia, parcheggio, entro nell'ufficio e vado davanti alla sua porta e busso e sento un «Avanti»

M «Buongiorno, sono ancora io, mi ha richiamato per venire qui»

Rizzo «Si, [cognome], si sieda, allora ha deciso di ritirarsi?»

M «No, ho informato l'avvocato»

Rizzo «Come si chiama il suo avvocato»

M «Bocci»

Rizzo «Non la conosco»

M «Mi ha detto che il giudice Cantù è una donna»

Rizzo «Si, perché?»

M «Bene, dato che Frida viene spesso spacciata per collaboratrice delle forze dell'ordine per non essere imputata.»

Rizzo «No, non gli interessa, vuole solo che lei si ritiri»

M «Io invece voglio fare delle dichiarazioni»

Rizzo «No, non può, se non si ritira devo prima sentire loro»

M «Bene, allora me ne devo andare?»

Rizzo «Sí [cognome], la richiamo»

M «Grazie, arrivederci»

Rizzo «Arrivederci [cognome]»

Passa un'altra settimana, solite chiamate di lavoro, e poi un'altra chiamata da Rizzo, mi ripresento in via Nicolodi, busso di nuovo alla porta e la apro.

M «Buongiorno, sono ancora io»

Rizzo «ENTRI, chiuda la porta»

M «Perché urla?»

Rizzo «Ho parlato con loro, è stato lei a iniziare, adesso la ragazza mi porta il cellulare con i messaggi che lei le ha inviato, lei ha fatto la DENUNCIA PER TUTELARSI, HA MINACCIATO LA RAGAZZA, LEI RISCHIA LA CALUNNIA, LA CALUNNIA VIENE PERSEGUITA D'UFFICIO, LO SA?»

M «NO CHE NON LO SO, NON FACCIO L'AVVOCATO.»

Rizzo «Allora si ritira [cognome]?»

M «No, e legga quei messaggi che poi vediamo, e allegate anche le mie registrazioni»

Rizzo «Che registrazioni?»

M «Ho allegato anche una registrazione e fatto una seconda denuncia ed ho chiesto il tabulato telefonico.»

Rizzo «Io non ho nulla»

M «Ah, come al solito quando viene denunciata Frida…, tanto ho le copie...»

Rizzo «Ah aspetti, i fascicoli sono due»

M «E quindi?»

Rizzo «Non è sparito nulla, i fascicoli sono due uno contro ignoti e l'altro contro noti, chiariamo che non è sparito nulla»

M «Ok, quindi…»

Rizzo «Allora non si ritira?»

M «No»

Rizzo «Va bene [cognome], allora la devo richiamare, prima devo vedere i messaggi»

M «Ecco, appunto li guardi e poi vediamo»

Rizzo «Arrivederci [cognome]»

M «Arrivederci»

Passa qualche settimana, ennesima chiamata da parte di Rizzo, col numero privato, mi vuole rivedere, solita routine; vado da lui e busso di nuovo alla porta del suo ufficio.

M «Buongiorno, sono ancora io [cognome]»

Rizzo «Prego [cognome] entri, si sieda...»

M «Quindi?»

Rizzo «Eh, ho letto i messaggi...» ha l'aria preoccupata

M «Ecco appunto, e quindi»

Rizzo «Cos'è quello [cognome]?»

M «Cosa, l'orologio?»

Rizzo «Ah, è un orologio? Pensavo che mi stesse registrando...»

M «Anche se fosse?»

Rizzo «No, chiedevo [cognome].»

M «Ne ho sentite troppe e non sopporto più le minacce e Frida che di dice: sono tutti amici miei!»

Rizzo «Ma le conviene? si ritiri»

M «Sí, mi conviene»

Rizzo «Ma che cosa le hanno fatto?»

M «Ah, lo vuole sapere?»

Rizzo «Sí»

M «Uno, io l'ho mandata a quel paese solo perché si intrometteva tra me e una ragazza con cui stavo per uscire, Laura. Secondo sono stato seguito dai carabinieri dopo che l'ho denunciata, ogni volta che uscivo di casa avevo l'auto dei carabinieri che mi seguiva, e quando andavo al bar cittadella, ogni volta si fermava una pattuglia dei carabinieri e un carabiniere mi fissava e poi andava avanti (intendendo continuava a guidare); Poi, ne sono successe di peggio, un ispettore mi ha minacciato in questura, un altro pure ed ha chiesto il tabulato telefonico errato, poi ha tentato di non farmi fare la seconda denuncia e si è rifiutato di dirmi il nome… e sa cosa è successo?»

Rizzo «Cosa, [cognome]?»

M «Il poliziotto che ha tentato di impedirmi di sporgere denuncia me lo sono ritrovato fuori dalla questura dopo aver fatto la denuncia…»

Rizzo «È che è successo?»

M «Aveva dei pacchetti di sigarette in mano, ma non stava fumando»

Rizzo «Non ho capito»

M «È uscito con la scusa che doveva comprare le sigarette, ma sicuramente ha chiamato Frida dal tabaccaio vicino la questura o da una cabina telefonica»

Rizzo «Va bene [cognome], il giudice vuole che lei si ritiri…»

M «Poi è anche successo che il Maresciallo Porcaro di cui Frida si dice l'amica e amante, una delle tante, una volta è passato davanti al caffè cittadella; Ha fermato l'auto ed ha fatto due metri avanti con l'auto dei carabinieri, poi due metri indietro, poi l'ha fatto di nuovo per due o tre volte, poi ha abbassato il finestrino del passeggero ed ha parlato con Frida e lei ha detto a voce alta: "Ah, ciao, non ti avevo riconosciuto", poi si è voltata ed ha detto davanti a tutti a voce alta: "È venuto qui perché Marco mi ha minacciato di morte"»

Rizzo «Al giudice queste cose non interessano, vuole solo che lei si ritiri»

M «Io non mi ritiro e non ho finito... stavo parlando»

Rizzo «Cosa [cognome]?»

M «Lei lo sa che un mio Amico albanese che ora lavora al bar cittadella mi ha detto: "Marco, stai attendo, se succede qualcosa al permesso di soggiorno di Edo"; e si riferiva a Vrucaj Eduard, "arrivano i suoi cugini che vivono a Milano e non parlo di denunce. Sono in giro con una

Mercedes e non lavorano…hai capito?". Sa che la settimana dopo mentre mangiavo un panino al caffè Cittadella mi sono trovato Eduard Vrucaj con altri due albanesi che si sono seduti al tavolo di fronte al mio, tutti e tre continuavano a fissarmi e a parlare in albanese ridendo. Sono arrivati con una Mercedes classe E berlina grigia, ho qui la targa sul Nokia, inizia per C…,»

Rizzo «No, [cognome], non posso scriverlo, il giudice non vuole…»

M «Ah, è il giudice che non vuole?» sono arrabbiato

Rizzo «Sí, [cognome], è il giudice che non vuole, il giudice vuole solo che lei si ritiri!»

M «Certo, e il giudice non vuole sapere come fanno ad avere un'auto dal sessantamila euro due che non lavorano?»

Rizzo «No al giudice non interessano queste cose»

M «Ah, davvero, ma lei lo sa che Vrucaj e gli altri non sono amici di Frida, ma solo della sorella Adelina? Hanno anche un'antipatia verso Frida, come mai sono venuti a minacciarmi per lei? Frida ha parlato con i suoi amici (intesi appartenenti alle forze dell'ordine) per (avere) un lasciapassare per gli affari dei cugini di Edo, per non avere problemi e perquisizioni?»

Rizzo «Non lo so [cognome], ma al giudice non interessano queste cose»

M «Eh, sì, voglio vedere, lo sa che un mese dopo che ho denunciato Frida, Adelina ha tentato il suicidio e siccome la mia coinquilina è sua amica, siamo andati noi a trovarla in ospedale, come mai gli non sono andati? Non c'erano più affari da trattare?»

Rizzo «Il giudice non è interessato a queste cose, vuole che lei si ritiri!»

M «Certo, come no, al giudice non gli interessa che Frida viene sempre spacciata per collaboratrice dei carabinieri o di altri ed è sempre stata immune a imputazioni con questa cosa? Collaboratrice poi, faceva arrestare la concorrenza degli amici suoi»

Rizzo «[cognome], al giudice queste cose non gli interessano, vuole solo che lei si ritiri.»

M «Al giudice la diffamazione non gli interessa?»

Rizzo «Come [cognome], che diffamazione?»

M «In quel periodo io stavo per uscire con una ragazza di nome Laura; Frida si è messa di mezzo e questa ragazza per non testimoniare, adesso accontenta Frida, è in giro a dire che io ho minacciato Frida perché lei non uscira con me, inoltre, come se non bastasse, la sorella di Frida, Leonora, è andata a lavorare con lei alla Levi's dell'Oriocenter per poi farmelo sapere: una specie di minaccia all'incolumità della mia amica che non mi risponde più al telefono e nemmeno ai messaggi»

Rizzo «Capisco [cognome], quindi vede che lei si deve ritirare!»

M «Ah nemmeno questo interessa al giudice? Le minacce sulla mia amica, le minacce le hanno fatte perché non sapevano a che attaccarsi, a un'altra persona avrebbero fatto minacce sui genitori, a me non le possono fare perché se mi ammazzano i genitori, mi fanno un favore e li ringrazio pure. Vada a controllare la questione che anche la sorella di Frida Uruci lavorava alla Levi's e il periodo in cui si è fatta assumere, l'azienda è l'Innominato S.p.A.»

Rizzo «No [cognome], al giudice non gli interessa!»

M «Non è vero che al giudice non gli interessa! inoltre Leonora aveva già un posto di lavoro riservato al Mexicali, dove lavora la sorella Adelina, che è fidanzata con Luca, il figlio di uno dei soci del Mexicali, infatti, quando questo voleva lasciarla ha tentato il suicidio, perché non chiede all'ospedale perché è uscita l'ambulanza?»

Rizzo «No, [cognome]»

M «Perché no? lo sa che Leonora dopo aver visto che non ritiravo la denuncia ha smesso di lavorare in Levi's ed è andata al Mexicali?»

Rizzo «No [cognome], ma al giudice non interessa perché vuole che lei si ritiri.»

M «Voglio proprio vedere, al giudice non interessano i permessi di soggiorno in cambio di favori e i clandestini che si regolarizzano con finti matrimoni?»

Rizzo «Come [cognome], non capisco?»

M «Non capisce?»

Rizzo «No, [cognome]»

M «Frida non ha un permesso di soggiorno regolare, ma lo ha solo grazie alle sue conoscenze, la sorella Leonora era clandestina e si è sposata per poter stare in Italia proprio nel duemilasei, come fanno una clandestina e una con permesso di soggiorno falso a lavorare in un bar attaccato alla caserma dei Carabinieri senza avere problemi?»

Rizzo «Come attaccato alla Caserma?»

M «Il bar si chiama Caffè Cittadella, i Carabinieri hanno la caserma in Piazza Cittadella, il bar è prima dell'ingresso nella piazza in Colle Aperto al due (inteso numero civico due)»

Rizzo «Non lo so [cognome], ma al giudice non gli interessa, il giudice mi ha detto che vuole solo che lei si ritiri.»

M «Racconti al giudice che Frida con il suo ex dicevano di poter far avere permessi di soggiorno, prendevano i soldi e sparivano, conosco uno che è stato truffato, era pure amico di Frida, [Sam], perché non lo scrive?

Rizzo «Non posso scriverlo [cognome], non è inerente al procedimento, allora si ritira [cognome]?»

M «Io non mi ritiro!»

Rizzo «Bene [cognome], la devo richiamare»

M «Bene, intanto io riferisco all'avvocato»

Rizzo «No, [cognome], mi ascolti, l'avvocato fa il suo interesse, è ovvio che le dice di continuare, lo ha già pagato?»

M «Un acconto»

Rizzo «Ecco vede [cognome], l'avvocato fa il suo interesse, si ritiri»

M «L'avvocato ho dovuto chiamarlo perché a natale duemilasei si è presentato un poliziotto in borghese in via Borgo Canale, dove ho la residenza chiedendo se fossi uno che fa uso di cocaina e uno spacciatore»

Rizzo «Ah, [cognome], sa il nome di questo poliziotto?»

M «Io no, ma delle mie ex vicine di casa hanno visto il tesserino con il nome, vuole che le dico i nomi delle ragazze?»

Rizzo «No, [cognome]»

M «Ecco, ti pareva»

Rizzo «Ma quindi lei dove abita adesso?»

M «A duecento metri da dove ho la residenza, in via Beltrami, è scritto sulla denuncia, dove c'è il bed & breakfast: "Casa Carlotta"; dell'amica del maresciallo»

Rizzo «Non ho capito [cognome]?!»

M «La mia proprietaria di casa, è anche la proprietaria dell'appartamento dove hanno fatto il Bed & Breakfast, durante la ristrutturazione hanno deciso di spostare una porta e hanno fatto il bagno comunicante con la cucina, non c'era più l'abitabilità, figuriamoci farlo B&B, non era riuscito a fare nulla nemmeno il marito della figlia, come si dice, il genero che è un poliziotto, ma quella che ci voleva fare il Bed & Breakfast è un'amica del maresciallo e i vigili hanno dato l'approvazione anche con la cucina con il bagno comunicante, senza che ci sia nessun antibagno. È un reato o abuso edilizio grave.»

Rizzo «Non lo sapevo [cognome]»

M «Ha capito come funziona...l'amica del maresciallo.»

Rizzo «Va bene [cognome], la richiamo io»

M «Ok, arrivederci»

Su YouTube pubblicheranno un video sul B&B casa Carlotta dove al minuto 0.45 si vede la porta bianca della cucina, è quella comunicante col bagno.

Sto entrando dal parrucchiere altra chiamata dall'appuntato Rizzo del 2008–05–27 h. 15: 32_151.amr

[Rizzo GDF 00:00] «Sì, beh, ci siamo visti, nei giorni scorsi»

[M 00:01] «Sí, mi dica»

[Rizzo GDF 00:03] «Ascolti un, un'informazione per quanto riguarda la denuncia, lei qui dice che due, che due... i due ragazzi albanesi e... uno dei due gli ha tirato l'orecchio, mi sa dire il nome e cognome, lei, di sta persona»

[M 00:16] «Posso dire il nome?»

[Rizzo GDF 00:18] «Il nome lo sa così…»

[M 00:18] «Il nome? Arber»

[Rizzo GDF 00:21] «Arber. Ascolti, siccome dovrebbe, dovremmo fare un verbale per integrare la denuncia, dovrebbe passare ai nostri uffici. Lei quando Può?»

[M 00:28] «Ah guardi, vado oggi dall'avvocato, gli consegno anche le foto delle persone. No, non si preoccupi, faccio tutto con l'avvocato, dato che… come mi dice lei…»

[Rizzo GDF 00:36] «No, non mi preoccupo, adesso che… però vorrei…venire qua, non è che non mi preoccupo. Eh, lei deve…deve…, integrare un…un verbale qui da me. Non è che io mi preoccupo, io non mi preoccupo affatto. Lei viene a integrare, le indagini le sto facendo io. Faccio io, però adesso la sto chiamando, ho chiamato al telefono per abbreviare i tempi perché io voglio consegnare il procedimento per mandare al magistrato»

[M 01:04] «Ah, ok»

[Rizzo GDF 01:04] «Altrimenti gli mando l'invito tramite i vigili, lo faccio venire lo stesso»

[M 01:07] «Ho capito, va bene, allora facciamo…»

[Rizzo GDF 01:13] «Non so, i due indagati, due persone dove indagare mi arrivano oggi alle quindici qui lei potrebbe venire un po' prima.»

[M 01:21] «No, oggi non riesco prima, le spiego… io alle dodici e trenta sono a Milano e quindi…, poi devo andare a Desenzano e quindi non riesco ad arrivare prima di loro. Se vuole vengo lunedì, può sentire tranquillamente prima loro, cioè per me, non c'è problema per me»

[Rizzo GDF 01:37] «È un po'… io non devo sentirli loro, io loro devo

identificarli e indagarli, non devono…
Loro per me»

[M 01:42] «Io, purtroppo, cioè oggi non… sono impossibilitato oggi, la settimana prossima, mi dica un giorno»

[Rizzo GDF 01:50] «Li mando via di nuovo (intende Frida e complici), lei può venire lunedì»

[M 01:56] «Va bene lunedì, a che ora?»

[Rizzo GDF 01:57] «lunedì»

[M 01:58] «Lunedì, Eh, facciamo la mattina»

[Rizzo GDF 02:00] «Eh, può venire entro alle dieci e trenta?»

[M 02:02] «Dieci e trenta OK, va bene»

[Rizzo GDF 02:04] «Allora aspetto lunedì mattina, dieci e trenta»

[M 02:05] «Va bene, grazie, la ringrazio»

[Rizzo GDF 02:07] «Grazie a lei, Salve»

Lunedì mi ripresento, penso: "chissà come mi tratterà questa volta", busso alla porta e la apro.

M «Buongiorno sono sempre io»

Rizzo «Ah, sì, prego, si accomodi, si sieda» ha l'aria un po' frustrata.

M «Ok»

Rizzo «Ma lei [cognome], mi risponda a una domanda, ma lei perché va avanti? questi sono albanesi, è lei che ha da perdere, questi sono albanesi, è ovvio che a lei conviene ritirare la denuncia.»

M «Non è vero, a me conviene denunciare anche i poliziotti ed i carabinieri amici di Frida, può scrivere le mie dichiarazioni che le ho fatto le volte che sono venuto?»

Rizzo «No, non si può fare.»

M «No, nemmeno del poliziotto (Marco Gelmini) che mi ha impedito di sporgere denuncia?»

Rizzo «Come si chiama?»

M «Il nome non me lo ha detto e quando ho chiesto informazioni all'ispettore capo Fabrizi, quando mi ha chiamato per il tabulato telefonico, non ha voluto dirmi il nome del collega che ha l'ufficio dietro al suo, anzi faceva delle minacce, continuando a chiedere di continuo che lavoro facevo e chi erano i miei genitori, dato che abito in città alta»

Rizzo «Quindi, il nome non lo sa?»

M «No»

Rizzo «Allora scriviamo, aspetti…»

M «Lei è trent'anni che fa questo lavoro?»

Rizzo «Come [cognome]?»

M «Sono trent'anni che sta in Guardia di Finanza!?»

Rizzo «[cognome], non capisco»

M «Il quadro a destra sul pilastro…alla mia destra, ma alla sua sinistra, c'è scritto: all'appuntato Rizzo per i suoi trent'anni…»

Rizzo «Ah, è di qualche anno fa»

M «Quindi sono più di trent'anni che fa questo lavoro»

Rizzo «Sí, [cognome]…»

Rizzo «Legga, [cognome]: "voglio andare avanti perché sono stato minacciato in questura a bergamo da un poliziotto di cui non conosco il nome"»

M «Beh, se non posso dichiarare altro.»

Rizzo «No, non si può [cognome], firmi!»

M «Ok»

Rizzo «Bene [cognome], la saluto.»

M «Ok, ma la mia copia?»

Rizzo «No, [cognome], c'è il segreto istruttorio, sa cos'è?»

M «Sí, so cosa è, ma che segreto è, se è la mia dichiarazione, una copia potrò averla?»

Rizzo «No [cognome], non si può.»

M «Ok, grazie.»

Rizzo «Arrivederci [cognome], chiuda la porta, grazie»

III

LA CACCIATRICE DI BAMBINI

*I veri mostri non assomigliano
a dei mostri.*
(Phillip M. Margolin)

In questi mesi sono successe diverse cose utili alla mia situazione, a maggio duemilaotto è stato arrestato il comandante dei vigili, il PM è il dott. Pavone, viene indagato anche il vicequestore Conti, mi salvo l'articolo in formato PDF: "Tangenti a luci rosse".

Ottobre duemilaotto, arriva Facebook in Italia, tento di agganciare Laura tramite il social; mi rifiuta, provo anche a contattare la sua amica Elena P., questa mi risponde in malo modo;

mi scrive di stare lontano da lei e da Laura, che sono passibile di denuncia.

Inizio a ricevere richieste d'amicizia da account finti, dai contenuti si capisce che è Laura, ma non è utile a risolvere il mio problema.

Mi arriva una notifica a mezzo e-mail, ho fatto match in un sito di incontri che si chiama *easyflirt*, anche la ragazza con cui ho fatto match, dal *nickname* Leyla90, cerca incontri ONS, non ha foto, penso che possa essere Laura, è il suo modo di fare, la ragazza mi chiede subito il mio contatto MSN messenger per chattare, chatto alcune volte, gli racconto anche che mi sono anche ammalato e sono stato tre giorni a letto, non concludo nulla, provo a fare una videochiamata, ma tiene chiusa la webcam, dice di essere anche lei di bergamo. Sparisce e dopo qualche tempo mi manda una richiesta d'amicizia con un account Facebook dal nome Leyla Orlando, le scrivo in Facebook messenger, ringraziandola per l'invito, mi risponde con un «Ma figurati», è uno slang che usa spesso Elena P., l'amica di Laura. Le scrivo «Ma sai che il tuo: "ma figurati", mi ricorda una certa Elena P.[omissis]» smette di scrivermi, ho centrato in pieno, quindi Elena P. due mesi dopo avermi detto dal suo account ufficiale di stare lontano da lei e da Laura, mi manda un match in un sito di incontri; dopo essere stata scoperta scriverà a Laura tramite Facebook messenger dicendo che sono io che le ho inviato un invito tramite il sito Badoo, le suggerisce di denunciarmi, Laura le risponde che mi ha bloccato sui social e sulla e-mail.

Riuscirò tempo dopo ad appropriarmi dell'account Facebook Leyla Orlando. Questo account è stato usato per fare camsex con minorenni, dando adito alle seguenti ipotesi di reato: pedopornografia minorile, adescamento, induzione all'autoerotismo, violenza sessuale, corruzione di minore.

Elena P. lavora in un negozio in via Broseta, in futuro lei e l'altra dipendente Francesca continueranno l'attività lavorativa rilevando il negozio, non serve essere il matematico Gogol per trovare la boutique. Elena P. non appena scopre che gli ho hackerato l'account Leyla Orlando, si fidanza con un certo Paolo, lei lo chiama Paolotto, fanno delle foto assieme con delle magliette dell'azzanese basket, lei qualche mese dopo, pubblica sul suo profilo Facebook il fatto di fare volontariato in ospedale nel reparto di pediatria, quel post mi innesca nella testa una serie di pensieri: Elena P. nel duemilaotto era a

Creta a fare l'animatrice in mezzo ai bambini, poi l'ho scoperta cercare minorenni under sedici per Camsex, successivamente va a fare la volontaria nel reparto di pediatria, in un'altra occasione vedrò di scrivere qualcosa sulla: "cacciatrice di bambini"; non posso certo andare a denunciarla, oramai ho capito come funziona il sistema a bergamo; Elena sa che ho denunciato l'amica dei corrotti, quindi faranno carte false per proteggerla ed avere un'altra pedina dalla loro parte. Paolotto è uno che fuma una discreta quantità di hashish, forse gli annebbia i sensi e non si accorge di chi ha come partner.

Nonostante Laura non abbia voluto interagire con me nemmeno tramite il social, mi arrivano diverse richieste d'amicizia da account Facebook palesemente falsi, è il primo trimestre

duemilanove, tra i suoi account finti ce ne sono altri che fanno da costellazione, uno si chiama Elizabeth Vaspari, anni dopo lo rinominerà in Madison Vaspari, ne apre anche uno molto carino tra quelli con cui mi fa richieste di amicizia, il nome è Angela Sbrilli,
https://www.facebook.com/angela.s brilli, il tema mi fa capire tutto.

IV

L'ORDINE ED IL FORO DELLE PUTTANE

Si vendette per una somma
talmente bassa che poté passare
tranquillamente per un idealista.
(Wiesław Brudziński)

Mi aggiorno con l'avv. Bocci, quando mi presento da lei, mi mostra il fascicolo cartaceo, noto che Frida non è tra gli imputati, solo Eduard Vrucaj, Bejko Florenc, Gokovi Arber e Adelina Uruci; lo faccio notare all'avv. Bocci.

Avv. Bocci «Sig. [Marco], la procura può fare quello che vuole» sfoggia un sorriso vero quanto una banconota da quindici euro.

M «Senta avvocato Bocci, io non sono avvocato, ho studiato diritto solo due anni alle superiori, non ho potuto nemmeno finirle, ma per quel che so, se tizio dice a caio: "spara in testa a sempronio"; Tizio è il mandante, Sempronio quello che ha sparato, e, sono tutte e due che vengono imputati, non come in questo caso dove Frida è la testimone a favore dei suoi amici di cui lei è la mandante»

Avv. Bocci «Sí, sig. [Marco], ma la procura fa quello che vuole»

M «La procura può fare quello che vuole, non deve giustificare?»

Avv. Bocci «No, la procura può fare quello che vuole e non si deve giustificare»

M «Quindi, se la procura dice che solo caio deve essere imputato e mette tizio a favore di caio, non si può dirgli nulla?»

Avv. Bocci «No, non si può dire nulla, la procura fa quello che vuole»

M «E non si può contestare?»

Avv. Bocci «No, non si può» sfoggia un altro sorriso.

A mio parere l'avv. Bocci sta vendendo la causa, ma non voglio essere paranoico, non posso fare null'altro che attendere gli eventi, non le darò più un centesimo, la saluto e me ne vado. L'avv. Bocci me l'ha consigliata il dott. Tullio per la questione di una segnalazione interbancaria col banco di Brescia, situazione che ha gestito malissimo. Ho preferito accordarmi con l'istituto di credito come mi ha suggerito un consulente che ho incaricato di mediare con la banca e questo mi ha anche detto che ho scelto un avvocato incapace data la pessima gestione della pratica.

La sera mi metto a guardare dei film al computer, Fabrizio me ne ha passati diversi su un hard disk esterno, me li sono copiati sul mio server casalingo, inizio a guardare un film dal titolo:

"Follia", dove la moglie di uno psichiatra si innamora di un paziente di questo e mette il figlio in una situazione che lo farà morire annegato, mi viene in mente mia madre. Dopo averlo visto vado a cercare se vi è un libro di questo film, effettivamente il libro esiste, ma è comunque recente, intendo non è precedente al divorzio dei miei genitori, mi fa pensare a mia madre, anche se nel mio caso, ha tentato di eliminarmi, approfittando della famosa nevicata che colpì l'italia a metá degli anni ottanta, e, sempre nel mio caso, divorziava da uno palesemente psichiatrico e non psichiatra, per mettersi con uno un po' più sano di mente, si presume. Non che ci voglia molto a trovare qualcuno messo meno peggio del V. Proprio questo film mi dovevo vedere? Molti pensano che siano solo gli uomini ad uccidere coniuge e figli, ma non è così, le donne di solito non lo fanno in un raptus di rabbia, ma in modo premeditato, facendo in modo che passi per un incidente, soprattutto quando vogliono disfarsi del figlio, inoltre hanno una capacità di violenza psicologica molto più forte.

V

IL MODUS DELLA CASERMA

Il complice del crimine della
corruzione è spesso la nostra stessa
indifferenza. (Bess Myerson)

È il duemila-nove, mentre continuo le
indagini sento persone che
chiacchierano di un fatto, continuano a
ripetere «Hai sentito di Praderio?»,
non so chi sia, chiedo informazioni, mi
dicono essere una boutique di scarpe
di alta fascia a bergamo bassa. Il
titolare è stato arrestato dal
Maresciallo Porcaro, mi si accende una
lampadina nella testa, vado al caffè
cittadella da Corry; oltre diverse frasi
che Frida mi ha confidato prima di
litigarci, ho sentito diverse volte gli
avventori davanti ai comportamenti di

questo, dire «Lascia stare (intendendo le sue parole), bisogna vedere se è lui o la coca che parla!», già, tutti coloro che fanno uso di cocaina si sentono superiori agli altri, se poi, come dicono, non ne fa solo uso ed è protetto dalle divise sporche, il delirio di onnipotenza è dietro l'angolo.

Corry mi spiega che Praderio è il negozio dove lavora la Eli, hanno indagato anche le commesse, mi chiedo se abbiano indagato anche lei, oppure, data la situazione: "Frida", sia stata lasciata andare, la risposta non tarda ad arrivare, poche settimane dopo Eli sta lavorando al caffè cittadella, dice che il maresciallo l'ha lasciata andare, non é stata indagata al pari delle altre dipendenti, sono ad un metro da lei, perpendicolare alla sua spalla destra, mentre lo dice, volta il suo viso verso di me e fa un sorrisetto sprezzante, ad occhi socchiusi, forse ad intendere che sono un povero tonto poiché non mi metto sotto la protezione del Maresciallo Porcaro, godendone i vantaggi.

Data la situazione, devo dire alla Jo di cercarsi un alloggio, non possiamo più essere coinquilini. Un pensiero che mi passa per la testa è: Praderio faceva concorrenza a qualche spacciatore contiguo alle divise sporche?

Il lavoro è fermo, ho speso quasi tutti i miei risparmi per far fronte alle spese e ho smesso di pagare l'affitto esattamente alla scadenza del contratto dei quattro anni. Avevo firmato la disdetta in anticipo, me lo aveva chiesto come garanzia il figlio della proprietaria. Questi sta diventando professore alla facoltà di giurisprudenza, ho raccontato questo all'avv. del sindacato inquilini, l'avv. Bresmes del foro di bergamo, gli ho anche scritto una mail a proposito. In questo periodo sto ospitando Johnny, un ragazzo argentino naturalizzato bergamasco; ha deciso di andarsene dalla casa dove viveva con la madre ed il patrigno, vive un po' da me, un po' a casa della fidanzata, di fatto è un finto amico, conosciuto da tutti per essere un opportunista ed approfittatore.

È marzo duemiladieci, le cose non vanno bene, questa crisi mondiale non se l'aspettava nessuno, sto andando a pagare una bolletta, prima di uscire ero in chat con una ragazza conosciuta su internet, si chiama Susy, vive in un'altra regione, a volte mi racconta le sue disavventure ed io le mie. Le scrivo mentre sono sul bus, sono un po' giù di morale e la cosa che mi piace di Susy, è che da donna, si ritiene di sentire come andranno le situazioni, perché: "le donne hanno il sesto senso"; a volte le chiedo come andranno determinati fatti, secondo lei, per vedere se ci azzecca. Il settore auto, che tutti credevano non sarebbe mai andato in crisi, crolla; la Porsche ha creato la prima auto diesel; tutti negavano l'evidenza fino a pochi mesi fa. Ci scambiamo dei messaggi SMS con Susy

M «Ciao Susy, mi fai supporto morale»

Susy «Ciao Polko» vuole dire Porco, mi prende in giro perché ho la R moscia, «Dimmi, che posso fare»

M «Be riesci a farmi sapere che cosa vedi per il lavoro, se tornerò a lav.[lavorare] nel settore auto, e quando mi chiama sta cazz di banca x i moneys? E poi laura mi pensa? Poi mi fai anche una performance sex via cell. Ok ;)»

Susy mi risponde che andrà tutto bene.

Sono a casa, in sala con Johnny, oramai vive perennemente a casa della fidanzata, passa da me solo a prendere qualcosa nei suoi scatoloni quando gli serve, mi chiede come sto, vuole fare due chiacchere, mi dice che lavora la domenica nella trattoria di città alta in via Beltrami, forse ci sono stato, ma non mi viene in mente.

Johnny «Marchi (marchino) anche loro», intende i titolari della trattoria, «sono incazzati col maresciallo, anche più di te»

M «Perché, cosa è successo?»

Johnny «Uno dei loro figli, Eric, quando aveva due anni, è stato investito dalla compagna del maresciallo, è finito in ospedale, gravissimo, stava per morire, le gambe spezzate, l'assicurazione ha pagato tutto, loro volevano denunciarla, ma non hanno potuto»

M «Perché non hanno potuto?»

Johnny «Perché se lo facevano, il maresciallo gli faceva chiudere la trattoria»

M «Ma come, è andato lì a dirgli questo?»

Johnny «Si marchi, lo sanno tutti in città alta, ma anche in città bassa»

M «Dovevano denunciare lui»

Johnny «Ma marchi, ma come fai? È il maresciallo»

Non rispondo, sono indignato, tramite Johnny ho conosciuto Stefano, un ragazzo che vive in città alta con la madre, il fratello e la sorella minore, i suoi genitori sono separati, mi racconta che il padre è un ex carabiniere; una volta, questo era nella caserma di città alta con il fratello minore di Stefano, Cristian, il quale era stato convocato in caserma per una questione riguardante il suo motorino, e, dopo averlo messo in difficoltà, un carabiniere tenta di schiaffeggiarlo, ma non vi riesce, perché interviene il padre spingendolo lontano dal figlio.

VI

PERQUISIZIONE GDF

I complici del giudice non mi
fanno meno paura di quelli
dell'imputato.
(Fabrizio Caramagna)

I giorni sembrano passare lenti, è il
ventuno aprile duemila dieci, mi arriva
una telefonata da un numero che non
conosco, si identifica come guardia di
finanza, mi chiede dove sono, non mi
trova in ufficio, gli dico che l'ufficio
l'ho chiuso, gli comunico l'indirizzo di
casa, arrivano da me nel giro di venti
minuti. Sono il Capitano Pirrazzo ed
altri due finanzieri, devono perquisire
la casa, mi mostrano il mandato del
magistrato.   Restano   Stupiti,
nell'appartamento c'è un classificatore

a cartelle sospese con tutta la documentazione divisa per anni, all'interno divisa per ogni veicolo in singola cartella all'americana, di fatto avrebbero gradito non trovare nulla, ho anche tutto scansionato, controllano la mia scrivania e le chiavette usb che vi trovano sopra, all'interno nulla che gli possa interessare, il capitano vede l'armadio rack con dentro i miei computer, mi chiede qual è quello dell'ufficio, glielo mostro, è staccato dagli altri, l'ho rimosso quando ho chiuso il contratto di locazione, vuole il disco rigido all'interno, lo rimuovo e glielo consegno. Mi fanno delle domande, chiedono se voglio fargli delle spontanee dichiarazioni, rispondo affermativamente, cerco di fargli capire che non devono farsi abbagliare dal fatturato, sono un mediatore, su un fatturato di sei milioni di euro nel periodo massimo, il mio guadagno, è un uno percento lordo, fanno finta di non capire, il capitano mi chiede se pago le bollette, sfoggia un sorriso mentre fa la domanda, cerca di fare il mentalista, con scarso successo, gli rispondo di sì, mi chiede di chi sono gli scatoloni accumulati in una camera, gli rispondo di un amico (Johnny l'argentino).

C. Pirrazzo «Ah [cognome], quanti libri?!» lo dice guardando la libreria presente in sala.

M «Sì, è uno dei miei hobby leggere, ma ci sono anche molte riviste nella libreria, non sono tutti libri»

C. Pirrazzo «Ah [cognome]; come pagare zero tasse» si riferisce ad un libro che vede rilegato con un dorso plastico, sfoggia un sorriso sgargiante mentre lo dice

Sorrido, sono un po' imbarazzato, rispondo «È solo un libro»

Se ne vanno con uno scatolone di documenti, un DVD che gli ho masterizzato con i i documenti scansionati, l'hard disk del computer e le mie dichiarazioni, hanno provato anche a farmi battute alludendo al un luogo dove metto le auto, facendo intendere che è tutto finto perché non ho un deposito di auto, di fatto, ho in uso un magazzino dove metto molto spesso una parte delle auto che vendo, quelle che non vengono recapitate direttamente ai clienti finali, ma non posso certo dirgli dove si trova il capannone.

Il trenta aprile duemila dieci mi chiama il Capitano Pirrazzo: Capitano_Pirazzo_30-04-2010_09-49_+39 [omissis].mp3
[Cap. Pirrazzo GDF 00:01] «Pronto»
[M 00:01] «Pronto, pronto»

[Cap. Pirrazzo GDF 00:02] «Sono capitano Pirrazzo?»

[M 00:03] «Mi dica»

[Cap. Pirrazzo GDF 00:05] «Mi senti? Senti una cosa, noi avremmo bisogno di parlare con te, perché, il PM ci ha delegato l'interrogatorio in relazione a quelle cose che ci avevi detto quando ci siamo visti. ma…mi senti? Avresti, hai la possibilità di venire giovedì mattina, intorno alle undici, a Sondrio»

[M 00:23] «Vabbè vengo, se devo venire, vengo, allora, giovedì questo giovedì, quindi»

[Cap. Pirrazzo GDF 00:29] «Giovedì, giovedì sei, alle undici»

[M 00:33] «Okay, me lo segno, allora?»

[Cap. Pirrazzo GDF 00:35] «Ascolta, se per te ok però mi devi dare, anche, se mi… allora, mi dai; ma il difensore mica l'hai cambiato rispetto a quello che abbiamo nominato? okay, allora mi dai anche un numero, un numero di fax a cui ti posso mandare la, la, convocazione?»

[M 00:53] «Allora, un secondo che non lo ricordo a memoria. Allora? zero, tre, cinque»

[Cap. Pirrazzo GDF 01:06] «Come scusa?»

[M 01:06] «Zero, tre, cinque, [omissis] zero, zero, sei»

[M 01:16] «Sì, zero, zero, sei»

[Cap. Pirrazzo GDF 01:18] «Zero, zero, sei, va bene, allora adesso te lo faccio, te lo faccio trasmettere. Va bene?»

[M 01:24] «Okay»

[Cap. Pirrazzo GDF 01:25] «Ti saluto, grazie, buona giornata»

[M 01:28] «Buongiorno»

Passa qualche giorno da quella chiamata, squilla il telefono, altro numero che non ho in rubrica, è un avvocato, Daniela Martinoli di Sondrio, l'avvocato assegnatomi per l'indagine in corso da parte della finanza, mi fissa un appuntamento, decido di andarci in treno, è più pratico, devo essere il sei maggio nel suo studio, si trova abbastanza vicino alla stazione dei treni.

VII

EI FU SICCOME CORROTTO

Molti giudici sono incorruttibili,
nulla può indurli a fare giustizia.
(Bertolt Brecht)

L'avv. Bocci Annalisa mi manda una
mail relativa all'udienza contro Frida:
"7.05.2010, alle ore 9.30, presso le aule
del Giudice di pace del Tribunale di
bergamo di via Borfuro, l'udienza per
esame degli imputati, dei testimoni e
della parte civile (ossia Lei)."
Mi contatta poi per dirmi che mi vuole
vedere nel suo studio due giorni prima
dell'udienza, alle ore diciotto, nessuna
motivazione   riguardo   l'incontro
richiesto. Il cinque maggio, quando
arrivo da lei, l'avv. Bocci mi informa
che non potrà essere presente al

procedimento di dopodomani, ha avuto un repentino impegno e sarà sostituita dall'avv. Bergami del foro di bergamo, continua a ridere, mi invita ad andare nello studio di questo, situato ad un centinaio di metri dalla rotonda dei mille, il fascicolo lo ha consegnato a lui, continua a ridere mentre lo dice, mi invita a recarmi nello studio del suo collega dato che è lì vicino, dice che è meglio che ci sia il suo collega in aula, è più bravo ad interrogare, poi ride nuovamente; Le racconto che la GDF che mi è venuta a casa, l'avv. Bocci si vuole proporre come avvocato, ma rifiuto, gli dico che me ne hanno assegnato uno, fa una faccia da cane bastonato; Pensava che dopo avermi venduto me la sarei tenuta come legale, il sorriso è sparito dalla sua faccia, prova a parlare di soldi, non rispondo, la fisso, faccio un sorriso a labbra chiuse, poi la saluto e me ne vado, sono consapevole di avere tutti contro; nel giro di venti minuti sono dal suo collega.

Eccomi nello studio dell'avv. Bergami; emerge che è stata distrutta molta della documentazione del fascicolo, non sono presenti le dichiarazioni fatte da me all'appuntato Rizzo della Finanza; l'avv. Bergami apre il fascicolo, dice semplicemente che non c'è nulla di quello che gli riferisco; le denunce ed il cd con la registrazione telefonica, quindi oltre ad essere spariti dalle mani dell'appuntato Rizzo, che non trovava il CD e la parte del tabulato telefonico, sono stati anche rimossi dal fascicolo personale dell'avv. Bocci Annalisa.

VIII

TOGA BUONA TOGA CATTIVA

L'attore è un bugiardo al quale
si chiede la massima sincerità.
(Vittorio Gassman)

È il sei maggio duemiladieci, arrivo a Sondrio, sono abbastanza stanco, non mi importa molto di questa situazione, l'avv. Martinoli non sembra male come avvocato, se solo non avesse in sé l'animo del carabiniere che vuole fare il di più, per mettersi in mostra, continua a picchiare la mano sul tavolo dandosi delle arie, i rumori come quello mi danno profondamente fastidio, sono un trigger che mi risveglia i flashback intrusivi; dato che l'avv. Bocci mi ha fregato, è meglio sentire quello che ha da dire questo assegnatomi d'ufficio.

Avv. Martinoli «Sig. [Marco], sono sei faldoni da duemila pagine, non posso andare in procura a parlare di pizza e fichi»

M «Senta avv. Martinoli, a me questa cosa non interessa poi tanto, qui qualcuno non ha pagato l'IVA, io ho comprato e venduto ivato, inoltre, sono stato truffato da [Alberto] quindi non ho a che vedere con lui, ho detto tutto quello che sapevo al capitano Pirrazzo ed agli altri finanzieri quando sono venuti da me»

Avv. Martinoli «Sì, me lo hanno detto, è stato molto collaborativo»

M «Poi ho una cosa più grave, sono spariti degli atti in procura»

Avv. Martinoli «Spariti degli atti in procura? ma cosa dice? ma da quando spariscono gli atti in procura, ma da quando?» mi guarda come se stessi parlando di qualcosa che non può accadere.

M «Sono spariti! ho il procedimento da giudice di pace domani, lo stesso giorno in cui il capitano Pirrazzo mi ha fissato l'appuntamento per andare al parlare col PM»

Avv. Martinoli «Come le ha fissato l'appuntamento per andare a parlare col PM? Non mi hanno detto nulla»

Controllo sul telefono e le dico «Ecco, sì, il giorno sette maggio, quel giorno non posso, devo andare a testimoniare dal giudice di pace la mattina, poi non faccio a tempo ad arrivare a Sondrio, la mia auto ha qualche problema e non farei a tempo nemmeno con i mezzi»

Avv. Martinoli «Ah bene»

M «Cosa?»

Avv. Martinoli «Non potevano fissare un appuntamento senza il suo avvocato, che sono io»

M «Non lo sapevo, comunque non riesco ad andarci come le ho detto»

Avv. Martinoli «Poi tutto quello che viene detto non in presenza del suo avvocato non può essere usato in giudizio»

M «Non lo sapevo»

Avv. Martinoli «Aspetti che scriviamo, lei non va più perché deve testimoniare da un'altra parte e per altri motivi»

M «Non ho tempo per questa cosa, io non centro nulla e, se vuole occuparsi della questione degli atti spariti in procura...»

Avv. Martinoli «Lei mi dà e poi io...» picchia la mano sul tavolo

Non rispondo, mi viene in mente che è una delle frasi di Fabrizio «Mi dai e poi io...» pensando che qualcuno si faccia truffare perché lui è il confidente e servo dei carabinieri corrotti; inoltre, dopo l'esperienza con l'avv. Bocci, la mia visione degli avvocati è molto nitida.

Avv. Martinoli «Il PM in questi giorni è in vacanza, quindi chi la interroga non è il magistrato che ha in capo la sua faccenda»

M «Di dov'è il magistrato? intendo le origini?»

Avv. Martinoli «Puglia»

M «Ok, sarà lì a farsi le ferie»

Avv. Martinoli «Comunque, il PM è un magistrato che è stato PM di mani pulite, non un PM qualsiasi»

Sgrano gli occhi, ho la faccia stupita «Ah, mani pulite?!» un flashback improvviso.

Avv. Martinoli «Ah, cosa?!» fa una faccia arrabbiata e dá altri due colpi con la mano piatta sul tavolo ed io mi irrito di nuovo.

M «Niente, niente, comunque come detto, non ho tempo per questa cosa, mi perseguitano e poi gli atti spariti in procura»

Avv. Martinoli «Va bene [Marco], se lei dimostra buona volontà e mi manda cento euro al mese di acconto…»

M «Va bene, ma per la truffa che mi ha fatto [Alberto] sparendo con i miei assegni? …, ho anche fatto una denuncia»

Avv. Martinoli «Lei mi dà e poi io…»

M «Sì, ho capito»

Avv. Martinoli «Ci aggiorniamo sig. [Marco]»

M «Va bene»

Avv. Martinoli «L'accompagno alla porta»

M «Ok, grazie»

Avv. Martinoli «Ha trovato parcheggio qui vicino in Galleria Campello?»

M «No, come le dicevo, sono venuto in treno»

Avv. Martinoli «Ah, allora arrivederci»
M «Arrivederci»

Gli avvocati iniziano a darmi l'idea di fare la recita del poliziotto buono, mentre le procure, il poliziotto cattivo, ma essere entrambi dalla stessa parte. Cammino per dieci minuti e sono alla stazione dei treni, dopo meno di trenta minuti ho il treno, il viaggio dura oltre un'ora, il tempo di pensare al flashback che mi è venuto mentre ha detto le parole: mani pulite.

IX

IL FLASHBACK DELLA TOGA ROSSA

Ci sono più criminali in chiesa la
domenica che nelle carceri tutti i
giorni (Francesco Agati)

È così che muore la libertà:
sotto scroscianti applausi.
(Padmé Amidala in Star Wars)

Era il 1992, avevo da poco iniziato la
prima media inferiore, ero nel mio
secondo affido famigliare ufficiale, una
delle mie tipiche giornate, ero appena
tornato a casa da scuola, la signora che
mi teneva in affido mi aveva scaldato
nel microonde un piatto di pasta al
pesto, io la stavo mangiando seduto
sulla panca del lungo tavolo della
taverna, un tavolo che sarà stato lungo
circa otto metri, un riproduzione di un
rustico antico con le panche, lo trovavo

molto bello, nella parte diagonalmente opposta a dove ero seduto, vi erano la signora Giananna e la secondogenita Barbara.

Giananna «Baby, ho sentito Laura»

Barbara «Che Laura? mamma»

Giananna «Eh, Laura, l'assistente sociale del Marco»

Barbara (in dialetto) «E che cosa vuole cosa?»

Giananna «Eh, ha detto che adesso è arrivato in prima media, se poi le finisce, bisogna mandarlo alle superiori»

Barbara «Cosa??? Le superiori? ma pretendono cosa poi, ma si rendono conto di quello che è?»

Giananna «Eh, no, loro non si rendono mica conto di quello che è, ma non sta bene dirlo, il signore (inteso Gesù) non vuole.»

Barbara «Ma no mamma, ma lui che diritto ne ha, tanto mamma… (fa un sorrisetto) che futuro pensi che avrebbe avuto se non l'avessimo preso in casa noi, è mica figlio di chissà chi, l'è u troatel (un trovatello)»

M «Ma io voglio fare anche l'università»

Barbara sgrana gli occhi e sorride «Mamma, ma hai sentito cosa dice il turiddu» poi, fa un altro sorrisetto.

Giananna «Lascialo parlare» fa un ghigno «Tanto non si rende conto di quello che è, la merda (riferito a me), io ce lo vedo già come ol Giambattista alla proloco»

Barbara «Chi è ol Giambattista?»

Giananna «Eh, un de chei hadicapac che laura alla proloco (uno di quegli handicappati che lavora alla proloco) per la cesa (per la chiesa)»

M «Ma perché dovete dire che io...»

Barbara «Ma mamma, ma ti rendi conto, si lamenta anche...»

Giananna (in dialetto) «Ma pensa te, se lamenta anche la merda»

Barbara «Ma si rende conto di quello che è?»

Giananna «No, no, lui non se ne rende conto»

Smetto di mangiare, picchio con la mano destra la forchetta sul tavolo «Ma, perché dovete dire che io…»

Barbara «Ma, mamma, ma ti rendi conto di quello che ha fatto?!»

Giananna smette di stirare e si dirige verso di me arrabbiata, arriva con la sua faccia alla mia sinistra, sembra un cane che ringhia a pochi centimetri dal viso «Senti Marco, non ti va bene essere chiamato merda?»

M «Ma perché dovete dire che io…»

Giananna «Dai Marco, dillo che non ti va bene essere chiamato Merda, dai dillo!»

Barbara «Ma lui come si permette di rispondermi, io sono una dottoressa, io salvo la vita alle persone, ma lui si rende conto di quello che è?»

Giananna «No, non si rende conto, dai Marco di' di no, dillo, di' che non ti va bene, di' di no, di No, dai dillo!»

M «No»

La mano destra di Giananna, che ha diversi anelli, mi colpisce dandomi un forte schiaffo sulla faccia a sinistra, le lacrime scendono sul mio viso.

Giananna «Merda, sei una merda, non ti rendi conto di quanto si fa per te, sei una merda»

Barbara «Appunto mamma, ma lui come si permette…ma ti rendi conto (in dialetto)»

Giananna «Adesso lo schiaffeggio su un po' la merda così capisce quello che è» rotea il corpo di cento gradi circa e salta per dare uno schiaffo con tutta la forza che ha, io continuo a piangere senza poter reagire, poi inizia a dare schiaffi a ripetizione e ad ogni schiaffo mi insulta «Merda, merda, merda, sei una merda, non ti rendi mica conto, merda» smette di picchiarmi, ho la faccia gonfia, finisco di mangiare, i carboidrati calmano il sistema nervoso autonomo. Giananna torna a stirare, stira sempre; Continuano a conversare come se fosse normale quello che é accaduto, la scena con qualche sfumatura si ripeterà almeno una volta la settimana per i successivi tre anni.

Barbara «Mamma, ti va bene se passo io in comune a prendere i soldi del Turiddu, poi facciamo i conti a fine mese»

Giananna «Se, se, va be, a fine mese vederem, per quel che l'è» (riferito a me, tanto per quello che è), io non capivo di che soldi parlavano, in quanto il V mi aveva detto che in questo affido familiare non prendevano soldi per tenermi;

continuano a spettegolare sui fatti del paese.

Barbara «Domani mamma mi puoi tenere la bambina che devo andare in università?»

Giananna «Se, se, va bene»

Barbara «Mamma, hai presente la Ester, la gemella?»

Giananna «Se, se, ho presente»

Barbara «La fa la babysitter per ol Di Pietro, ol giudice, abita ad Ambivere (BG), ol di Pietro»

Giananna «Ah, non lo sapevo mica» (in dialetto)

Barbara «Ma, la paga così, senza contratto né nulla, hai capito il di Pietro, senza contributi né niente, gli dà i soldi così, in mano»

Giananna «Eh, ma lui può, l'è mica come la merda che abbiamo in casa»

Barbara «Sí mamma»

La mattina dopo Giananna mi sveglia per andare a scuola.

Giananna «Marco, è ora»

Mi alzo e vado verso il bagno, mi abbasso le mutande e mi siedo sul WC, Giananna entra di corsa e con la mano destra mi dà uno schiaffo fortissimo sul lato sinistro della faccia e le lacrime escono.

Giananna «Questo perché sei una merda, non ti rendi conto di quello che sei, vuoi mettere con le mie figlie (intende paragonarmi), merda» poi in dialetto «Adesso datti una mossa che devi andare a scuola»

L'anno successivo all'oratorio estivo, vi era un indovinello alla fine di un gioco: «Cosa centra la gemella con Di Pietro?», solo io ed un bambino di un'altra squadra avevamo la risposta, continuai a cercare l'attenzione del mio animatore: Giampietro. Quando gli diedi la risposta e l'altro animatore che gestiva il gioco disse che era corretta, si diede uno schiaffo sulla fronte, secondo me se lo ricorda ancora. Il padre, morì mi pare l'anno dopo, se non erro, doveva chiamarsi Gregorio, sparì di casa per un periodo, dicevano per depressione, poi trovarono il cadavere in un lago, dissero tutti che era suicidio, ma io penso che l'ipocrisia catto-cristiana abbia dato un contributo altissimo. Mentre faccio questa congettura, penso a Pamela, la figlia minore di Giananna, erano tre le figlie, Sonia la prima, Barbara la seconda e Pamela la più piccola. Avevo fatto dei conti allora ed avevo capito il sistema: Barbara era del settantadue, Pamela del settantotto, Sonia del settantuno, quando Pamela aveva otto anni, aveva iniziato ad andare male a scuola per i maltrattamenti psicologici inflittogli e Barbara con la madre aveva iniziato ad eleggerla a capro espiatorio.

Soprattutto Barbara, non voleva che la sorella minore studiasse, altrimenti avrebbe offuscato la sua boria e messo in mostra che non era quel genio che voleva far credere alla madre. Contemporaneamente, la madre, che teneva all'immagine della famiglia nel paesello, doveva in qualche modo deviare l'attenzione da quei fatti. Decisero quindi di prendere un bambino in affido, stavano tentando di fare con me quello che avevano fatto a Pamela, continuavano a mandarla anche a scuole private per nascondere i complotti tra Barbara e la madre e fare in modo che non vi fosse adito a pensare che la famiglia perfetta fosse tutt'altro, Sonia (laureata in teologia) aveva somatizzato iniziando ad ingrassare quando iniziarono i maltrattamenti su Pamela, ma mai e poi mai si attaccava con la secondogenita o se accadeva il litigio finiva con un «abbiamo litigato perché ci vogliamo bene e non ce lo diciamo da un po'», io detestavo sentire quella frase utile solo a nascondere i maltrattamenti con una narrativa distorta.

Giananna ha anche un nipote carabiniere, il maresciallo Fausto, questo non ha mai denunciato nulla, se leggi queste righe, Maresciallo, mi pare che tu sia nella caserma di Cisano Bergamasco, sappi che sei il maresciallo pezzo di [omissis], non ricordo il tuo cognome, ricordo che tua moglie si chiama Cinzia ed entrambi vivevano al civico settantuno, stessa via della zia, vi atteggiavate a persone per bene, sei un pezzo di [omissis], e tua moglie la tua degna consorte, la gente dovrebbe sapere il vero volto delle divise sporche, sono tantissime e vogliono apparire i paladini della giustizia, io ne so qualcosa.

Dato il flashback la sera a casa cerco alcuni video su di Pietro che trovo in rete, sono di una web TV, Arcoiris, in uno parla della corruzione, del fatto che lo stato è come un padre che per colpa degli evasori non ha soldi. «Il papà stato non può dare soldi ai figli»; penso: che menzogna; lo stato italiano è uno stato paragonabile ad un padre che stupra e sfrutta i figli; mi guardo il secondo video in cui parla della magistratura e dice: «quando una persona ha davanti un magistrato può dire "Ah, ecco, finalmente un magistrato, posso avere giustizia"», diciamo che chi non inizia ad avere a che fare con la giustizia può anche crederci, come ad una pubblicità ingannevole; Di Pietro, detto: "la madonna", un'apparizione che è stata una fregatura; di fatto, le apparizioni della madonna sono definite scientificamente fenomeni BVM; delle vere e proprie fregature. Devo risposare, domattina devo andare dal Giudice di Pace per la questione Frida e amichetti, vediamo che accade.

X

ZUCCAROTTO LA QUALUNQUE

> Molti giudici sono così fieri della
> loro incorruttibilità che
> dimenticano la giustizia.
> (Oscar Wilde)

Sono in aula, Frida e gli altri sono difesi dall'avv. Fabio Tassetti del foro di bergamo, questo ha anche uno studio vicino alle poste centrali di bergamo, la situazione é pessima, non tanto perché Leonora, la sorella di Frida, è fidanzata con Tassetti, ma perché una delle cose peggiori che può accadere è vedere un avvocato che entra nell'aula dove il Giudice di Pace si sta togliendo la giacca e gli sussurra all'orecchio a voce alta «Allora, io gli faccio domande a raffica e lei lo zittis...», il Giudice di

Pace annuisce, attacca la giacca sull'appendiabiti totem argento con le plastiche blu, mentre tutto questo accade e gli altri avvocati, il tuo, i suoi praticanti e gli altri presenti in aula, fanno finta di non vedere voltandosi dall'altra parte imbarazzati poiché sin da subito consapevoli della gravitá della situazione. Il PM onorario, una donna, guarda in modo preoccupato, ma non fa nulla. In quel momento ho maledetto il fatto di non aver acquistato cellulari con una buona fotocamera, ma mi consolo, poiché comunque qualcosa si vede.

Il processo è una farsa, il GDP Zuccarotto chiede anche agli imputati se devono andare alla festa degli alpini.

Eduard «Sí, ci stanno aspettando» ride. Ride anche Adelina, gli altri no, Frida è preoccupata, continua a toccarsi i capelli che si è scurita di nuovo, completamente neri, il biondo platino che aveva fino a qualche giorno fa, la faceva apparire una che lavora in strada e quindi doveva cambiarsi l'immagine per apparire una ragazza acqua e sapone.

Il procedimento finisce in fretta, Zuccarotto mi dice con tono minaccioso «Hai capito giovanotto?!» non gli rispondo, esco dall'aula, saluto l'avv. Bergami e i suoi collaboratori, mi si mette davanti l'avvocato Tassetti e mi porge la mano, gliela stringo in modo molto soft, abbassa la testa davanti a me, un inchino, i suoi occhi sono sopra la mia mano, come uno che si inchina per qualcosa di veramente sporco che ha fatto; dice un «ciao», poi, si volta e se ne va con gli altri.

Mentre esco me li ritrovo seduti all'esterno del Bar a destra del Tribunale che brindano ridendo. "Non finisce qui, penso", mi dirigo verso casa.

XI

ARROCCHI E TRAPPOLE

> Una trappola è una trappola solo
> quando non la conosci.
> Quando la conosci,
> si tratta di un'opportunità.
> (China Miéville)

Passa qualche mese, l'avv. Bocci non si fa sentire, non mi vuole dare copia del fascicolo, come da me richiestole e temporeggia. Squilla il telefono, è Nicola Cherchi, un sardo che si sta trasferendo a bergamo, mi vuole vedere, gli ho spiegato che sono impegnato a fare lavoretti saltuari, il lavoro mi va male ed ho anche i carabinieri contro. Mi aveva proposto qualche tempo fa di prestarmi dei soldi, gli risposi che al momento non mi servivano prestiti. Lo incontro, dice che è preoccupato per me, mi sottolinea che se mi servono soldi non ci sono problemi, gli dico che non mi serve un prestito, ma una cessione del credito, ho prestato tremila euro ad un certo Matteo Facchinetti che tutti chiamano Zico. Non so perché si presenti con questo nickname, comunque sa benissimo chi è, fa il cameriere in un ristorante in Piazza Mascheroni; gli cedo il credito, lui accetta, poi vedremo come fare questa cessione, dice di non preoccuparmi, mi fa un assegno e lo verso in banca, sono spiccioli, ma quello che serve per affrontare le spese per muovermi Anche perché devo andarmene da qui.

È gennaio duemila undici, mi sono fatto sfrattare dal neolaureato e neoprofessore di giurisprudenza di città alta, figlio della mia locatrice. É anche proprietaria dell'appartamento divenuto B&B con il bagno e la cucina comunicanti. Allora decido di arroccarmi in Val Serina, la scelta non è casuale, non è solo dovuto al fatto che le case sono economiche, sono sopra Zogno (BG), una caserma che è sputtanata per corruzione e malaffare, ma sopra c'è un'altra caserma, quella di Serina, qui avranno dei problemi a farmi abusi di potere; Fabrizio è voluto venire con me, si sta comportando come il giorno della denuncia, non mi oppongo al suo voler accompagnarmi da finto amico per controllarmi; mi ha ospitato a dormire a casa sua e mentre cenavamo mi ha dato una moltitudine di colpi al fegato. Voleva una falsa fattura per un'operazione immobiliare che non può fare in nero, ma non è riuscito nel suo scopo; quando si fanno le barzellette sui carabinieri dovrebbero includere anche quelle dei servi, vi fareste di quelle risate e capireste che il problema si potrebbe risolvere in fretta, basterebbe volerlo.

Trovo in affitto un bilocale in val serina, qui sono molto economici, la locatrice però vuole aggiungerci le spese, il contatore non è per conto mio, vi è un sub contatore a quello Enel, meglio stare zitti, ho molti scatoloni da sistemare, sono sempre stato un accumulatore, tendo a fare troppe cose contemporaneamente, in parte è anche causa dell'ADHD in comorbidità al CPTSD, ma non è un grave problema al confronto del resto, di certo avrei potuto curarmi meglio se non ci fossero stati gli abusi di potere, i continui colpi al fegato ed ai reni da parte di Fabrizio, per farmi ritirare la denuncia e tentare di fare l'approfittatore, cosa per cui e molto conosciuto. Una volta il dott. Tullio mi disse «Fabrizio è uno che se riesce a dare una fregatura ad una persona, dopo averla data, se ne va sorridendo, tutto contento» questo è il genere di persone che piacciono alle divise sporche che io chiamo divise rosse, sono allineati sugli stessi parametri. A Fabrizio ho anche consigliato di andare da uno psicologo; comunque averlo conosciuto mi è stato utile, mi ha fatto comprendere che elementi con problemi psicologici e divise rosse entrano in simbiosi associativa, in un modo, che potrei definire automatico.

Passo le giornate al computer, non amo la montagna, ma devo stare isolato, la cosa che mi piace è che questa specie di appartamento ha il camino, mi è sempre piaciuto vedere un camino acceso. Mi sveglio le notti nervoso e stressato, cammino avanti ed indietro e faccio qualche piegamento sulle braccia, la situazione non è rosea, non so cosa accadrà dopo quello che ho visto in tribunale a bergamo, la zona comunque è sicura, intendo, i carabinieri della zona, quelli di Serina (BG) non hanno fama di avere strani giri, il Maresciallo è un pugliese ligio al dovere, ovviamente non si metterà contro dei suoi colleghi. Non posso certo andare da questo a fare denunce contro i corrotti di mia conoscenza, ma qui arroccato, mi sento un po' più tranquillo.

Squilla il telefono, è Nicola Cherchi, si è definitivamente trasferito a bergamo, mi chiede come sto, gli spiego che me ne sono andato da città alta perché ho dei problemi con il maresciallo ed il lavoro non va bene, gli spiego che io e Fabrizio non siamo amici, è tutta una scena, Fabri è un fedelissimo del Maresciallo Porcaro, nonostante dica che «Sono come un figlio per lui». É solo la facciata per potermi sorvegliare per conto del suo capo; quando mi sono spostato di casa è venuto con me in Val Serina, facendo finta di aiutarmi a cercare casa solo per riferirlo ai Carabinieri di città alta. Nicola mi vuole vedere, mi dice che se mi servono altri soldi non è un problema, gli rispondo che non è una questione di soldi, gli dico che ci vedremo più avanti.

Passano sei mesi, pochissimo lavoro, mi sto logorando nell'ascoltare tutte le telefonate registrate per estrapolare più prove possibili. Nel frattempo i miei proprietari di casa non hanno registrato l'affitto, vogliono i soldi in nero, il figlio è ingegnere meccanico, insegna al politecnico di Milano, mi istruisce come fare per pagargli l'affitto in nero, non ci vogliono sentire di contratti, sono fatti in questo modo tutti i piccoli proprietari di immobili in Italia, nella maggior parte dei casi li hanno ereditati, si sentono una casta superiore, sono i primi che evadono, ma dicono «Io pago le tasse», i primi che truffano e poi lamentano di non essere tutelati in caso di problemi.

È il 20/05/2011, Squilla il telefono, mi chiama Nicola, mi dice che ha dei problemi, gli servono i soldi, gli chiedo di mandarmi il suo Iban per il bonifico, mi risponde in malo modo, come se qualcuno gli stesse facendo pressing, forse non ricorda l'accordo di cessione, ma non importa, mi dice che vive ancora in città alta, gli chiedo di attendere qualche giorno, vivo fuori mano e non posso scendere per lui che li vuole in contanti.

É nervoso, non ho tempo per lui adesso, sono strane tutte queste situazioni negative dopo che si è mostrato mio amico.

Passano due giorni, ricevo una chiamata da un numero fisso zero-tre-cinque, rispondo, è Dario, uno dei carabinieri della caserma di città alta, mi chiede per favore di contattare Nicola che è nervoso, prima che succedano casini, gli ho spiegato che l'ho sentito due giorni fa, sto risolvendo la questione, non dico altro. Dario sa benissimo chi è il suo "capo" eche razza di persona sia. In quella caserma, inoltre, vi è un carabiniere, ex paracadutista, che si è fatto assegnare lì in quanto prossimo alla pensione, un certo Boldrini: proprio perché è uno dei pochi che ha dato lustro alla divisa dei carabinieri, non va d'accordo con il maresciallo. Lo sanno tutti, altrimenti non lo avrei saputo neanch'io, memorizzo il numero della caserma per ogni evenienza.

È il 20/05/2011, sono le diciannove e cinquantacinque, mi chiama la caserma dei carabinieri di città alta.

M «Pronto?»

CC «Carabinieri città alta»

M «Sí, ho visto, mi dica»

CC «Dovrebbe venire qua in caserma, le dobbiamo parlare»

M «Mi dica per telefono, per cosa devo venire»

CC «Per telefono non posso»

M «Io caserma in città alta non vengo perché ho denunciato Uruci Afrida, l'amica del maresciallo»

CC «No, ma non è per quello che deve venire»

M «Lo so che non è per quello che devo venire, le sto dicendo che il motivo per cui non vengo, è perché ho denunciato l'amica del maresciallo»

CC «O lei viene, o io le mando invito formale»

M «Io vengo in tutte le caserme, ma non in quella, inoltre mi avete diffamato e mi avete seguito per una intera estate»

CC «Io le invio invito formale in base agli articoli …. poi voglio vedere se non viene; o voglio vede' se non te presenti, mica é il dottore che può andare da uno o dall'altro o il supermercato che può andare dove vuole»

CC «Mi dica dove abita, le invio l'invito, o voglio vede se non te presenti»

M «Le do l'indirizzo dell'avvocato, così me la spedisce lì»

CC «No, me deve dà l'indirizzo di dove abita»

M «Serina, via...» l'appartenente all'arma dei carabinieri non si identifica, ma ho riconosciuto la voce, se non ricordo male si chiama Ceres e dovrebbe essere nato nel 1982, mi pare che i colleghi lo chiamino Nico; quindi, annoterò Nico Ceres tra i miei appunti. Quella stessa sera mi fermano i Carabinieri di Serina (BG), vi è il Maresciallo della caserma nella pattuglia, ho la patente scaduta, mi dicono di recarmi con loro in caserma, sono estremamente nervoso, non accade nulla di particolare, mi ritirano la patente in quanto scaduta da dieci giorni, presumo che nessuna notifica viene inviata alla caserma di Serina da cittá alta per potermi inviare l'invito di presentazione. Nessuno mi contatta nei giorni successivi.

É il venticinque maggio duemila undici, sono le diciannove e quattro minuti, mi chiama Nicola.

Incoming   Nicola Cherchi_2011_5_25_19_4_31.mp3
[M 00:01] «Marco, Dimmi»
[Nicola Cherchi 00:04] «Ehi Ciao, Nicola (intendendo, sono Nicola)»

[M 00:06] «Dimmi»

[Nicola Cherchi 00:07] «Oh, finalmente ti sei degnato di rispondermi»

[M 00:13] «Sono, sono un attimo via, comunque, dimmi, dimmi»

[Nicola Cherchi 00:16] «Eh no, niente. dimmi, volevo sapere un attimino se riesci un attimino in qualche maniera a rientrare di quei soldi che ti ho dato che guarda credimi sinceramente…non avessi avuto necessità estrema, non ti avrei rotto le…»

[M 00:38] «Te, te lo spiego io. Vabbè, uno: intanto mi hai fatto un favore perché comunque ti ringrazio. Hai messo allo scoperto quei coglioni, quel cogl…ne del maresciallo di Città Alta, perché lui me ne ha già combinate abbastanza. Aspettava solo quello per telefonarmi e minacciarmi, il suo uomo, che me ne ha combinate assieme a lui. Quindi intanto grazie, tu non ci credi, ma dico sul serio, mi hanno chiamato…»

[Nicola Cherchi 01:03] «Ma io so che t'ha chiamato Dario»

[M 01:05] «No, no, no. Poi mi ha fatto chiamare da, uno, uno che ha la mia età. Nato nel millenovecento-ottantadue, guida un'Audi A-tre e ha fatto un po' lo spaccone.

[gli faccio in tre minuti la cronaca della chiamata da parte della caserma di cittá alta e poi ci accordiamo per incontrarci, gli dico nuovamente che ho un credito nei confronti di Zico]

[M 04:21] «Domani fai verso le quattordici, le quindici va bene?»

[Nicola Cherchi 04:25] «Io entro alle tre di domani pomeriggio?»

[M 04:27] «Ti chiamo, va bene, dai, va bene dai così»

[Nicola Cherchi 04:30] «Almeno ne parliamo anche a voce. Perché poi, Santo Dio, a me dispiace se mi sono comportato in questa maniera, ma certo come mi hai risposto adesso potevi rispondermi i giorni precedenti tranquillamente»

[M 04:44] «Io non ho sempre dietro il telefono, ho dei casini che sto sistemando e poi parliamo a voce»

[Nicola Cherchi 04:49] «Tranquillamente»

[M 04:51] «Va bene»

[Nicola Cherchi 04:53] «Ehi, comunque mi raccomando, io domani alle tre ti chiamo»

[M 04:56] «Sì, sì, ma un altro favore, ti hanno accettato la denuncia?»

[Nicola Cherchi 05:00] «Come, scusa?»

[M 05:00] «No, non ti hanno fatto—?»

[Nicola Cherchi 05:01] «L'ha redatta, ma è in sospeso, io la posso ritirare come, quando e voglio»

[M 05:12] «Sì, ma tu tienimi una cosa, tienimi una copia, tienimi una copia, anche se la ritiri, ti tieni la copia, no?

Perché ho voglia di…. voglio dimostrare che, se io fossi andato lì, mi avrebbero dato un calcio nel culo. E voglio dimostrare che il maresciallo ha il dente avvelenato contro di me proprio perché questo, perché io sono qui… (inteso qui a reagire)»

[Nicola Cherchi 05:21] «Ascolta Marco, scusa, eh, ma io sono cose delle quali non ero a conoscenza»

[M 05:27] «Sì, sì, ma fa niente»

[Nicola Cherchi 05:31] «Nel fatto io non ti… andavo manco dai Carabinieri»

[M 05:33] «No, no, no, ma non buttarla, non buttarla con la denuncia che per me è oro»

[Nicola Cherchi 05:36] «Ok perché comunque è in fase di registrazione ovviamente. Poi viene passata alla procura, la procura, poi te la [incomprensibile] se… eccetera. Ma ci vuole del tempo, non è che ti arriva domani mattina. Io una copia te la do volentieri, ci mancherebbe. Ce l'ho qui. Eh, vabbè, ma io la posso sospendere. Sì, in qualsiasi momento»

[M 05:59] «Sì, sì, ma la questione che loro non potrebbero accettare, denunce per recupero crediti? Se no io dovrei essere lì tutti i giorni»

La conversazione continua, ci accordiamo per vederci in un supermercato in pieno giorno, devo stare in un posto che ha molte telecamere, lui accetta.

[Nicola Cherchi 07:28] «Dove vuoi tu? Okay, mi fa anche piacere vederti, faccia da schiaffi»

[M 07:33] «Ok Portami, Portami, una copia di quella denuncia, però domani»

[M 07:38] «Ti prego. Eh, necessito una fotocopia»

[Nicola Cherchi 07:42] «In serata cerco»

[M 07:41] «Va bene, okay, ci sentiamo domenica»

[Nicola Cherchi 07:43] «Ciao Marco, grazie»

[M 07:45] «Ciao Ciao»

Mi incontro con Nicola all'Iper, mi dice un po' preoccupato «Devo dirti la verità, mi hanno costretto, io non volevo denunciarti»

Gli rispondo «Sì, sí, ti credo» gli faccio capire che so dove volevano arrivare, gli propongo un accordo, gli spiego che ho prestato ottomila euro a Sam perché è stato truffato da Frida e mi serve raccogliere prove sia per la questione di Sam che per quella di Zico, mi serve sapere se vuole darmi una mano; accetta. Incontreremo insieme Sam e gli diremo che io cedo il credito a Nicola, dato che per colpa della situazione Frida io potrei non riprendere i miei soldi. Accetta di aiutarmi e mi chiede se posso fare io un prestito a lui, intende che mi recupererebbe i soldi prestati a Sam e se li tiene come prestito, accetto. A me servono molto di più le informazioni, anche se non ho un soldo da parte in questo periodo. Una delle cose che mi dà fastidio di Nicola, è che, oltre ad essere un comunista convinto, pensa che l'Italia sia uno Stato di diritto.

Dopo qualche giorno, incontro Sam e Nicola in un bar, cedo il credito. Passano circa tre mesi, è un pomeriggio, sono circa le quindici, incontro Nicola, il quale, mi informa che non sta andando bene il recupero del credito, di fatto non mi importa, ma è una buona occasione per contattare Sam. Gli telefono, ma non mi risponde, so che è agitato perché Nicola lo sta pressando per recuperare i soldi che gli ho prestato, non ha capito che a me interessa raccogliere prove contro Frida, squilla il telefono, è Sam che ha visto la chiamata persa e prova a richiamarmi.

{Incoming_[Sam]_2011_8_7_0_50_56}. mp3[l'ora è alterata dal fatto che il file è stato recuperato]

[Sam 00:01] «Ma è con te? (intende Nicola)»

[M 00:02] «Nicola? cosa? no, l'ho visto prima. L'ho visto prima e m'ha dato duemila (euro), punto.»

Nicola non mi ha dato nulla, é in rosso anche lui, è solo un accordo, a lui servono soldi ed a me informazioni

«L'ho sentito oggi pomeriggio dopo che gli ho detto che tu m'hai detto, e… gli ho detto», Nicola è silenzioso accanto a me.

[Sam 00:16] «Che m'ha mandato un messaggio adesso dicendomi, non bastano cento (euro), potresti farne di più. Io cosa devo fare? Devo andare a rapinare?»

[M 00:26] «Adesso parlane con lui, del tipo, io gli ho detto che m'hai chiamato dicendo che…, la settimana prossima, e che lui t'ha detto così»

[Sam 00:32] «Io farò quello che posso ogni mese, non potete pretendere che vi dia mille euro. Questo si chiama strozzinaggio»

[M 00:42] «No, non scherzare, non dire stronzate»

[Sam 00:45] «No, ma cioè ho ricev…, ho ricevuto il messaggio, adesso lo chiamiamo, mi rispondi? Cioè, io non ho voglia di ricevere più questi messaggi, hai capito?»

[M 00:54] «Nemmeno io avevo voglia di… dei tuoi amici albanesi che mi rompevano i coglioni, minacciavano siccome sono ammanicati con la questura ma…»

[Sam 01:00] «Non sono amici miei, cioè io non li conosco neanche questi qua che dici tu? Ma di che cosa stai parlando poi?»

[M 01:09] «Lo sai benissimo, quei quattro coglioni e la tua amica Frida, anche io non volevo averla tra i coglioni, ti ho detto levamela dal cazzo»

[Sam 01:15] «Ma che c'entro io, scusami?»

[M 01:19] «Sei tu che ti sei fatto fregare da Frida e non io»

[Sam 01:23] «È successo, va bene. L'ho presa io nel culo. Bona. È finita lì. Io non l'ho mandato nessuno a farti del male. Ma che discorsi stai tirando su?»

Il discorso è riferito alla truffa di ottomila euro che Frida gli ha fatto dicendogli che con quei soldi avrebbe procurato dei permessi di soggiorno a dei suoi conoscenti.

[M 01:32] «Ma come, non hai mandato? Non hai mandato nemmeno nessuno ad…, a dirgli di non rompermi più le balle? Ma guarda a me non interessa la questione, che è semplice, io ti ho prestato di soldi e lì ho bisogno che tu me li dia indietro e lui, e lui…. E lui t'ha detto, guarda, glieli anticipo»

[Sam 01:49] «Io ti sto dicendo che io, cioè, riconosco il fatto che sono nel torto, cioè nel, nel, nel, fatto che ti devo dei soldi e… so che prima o poi te li devo dare questi soldi visto che ne hai bisogno adesso. Io mi sforzo un po' di più e lo metto a parte ogni mese. Te ne do qualche… con Nicola? Io non, non ho provato nulla, gli ho solo detto che…a me questi, questi, messaggi minatori, di, di, di, di, minacce a me non piacciono sti (intende questi) messaggi»

[M 02:18] «Bene, a me a me piacciono certi comportamenti? poi te ne sei sbattuto, quindi, cioè se proprio vogliamo vederlo…»

[Sam 02:24] «Non è che ho avuto soldi da buttar via, eh»

[M 02:27] «No no no, intendo dire nemmeno a me sono in, in, passato son piaciuti certi discorsi e pure tu una volta che avevi risolto il tuo problema te ne sei sbattuto il cazzo. Punto. Quindi, non venire a farmi la paternale a me, la questione è questa, io gliel'ho detto a lui che tu mi hai detto che…, la settimana prossima, gli, gli, acconti qualcosa appunto, io poi non…non ho più parlato della questione dopo che mi ha anticipato lui dei soldi; quindi, non ho proprio voglia di balle. Tutto lì, se vuoi adesso lo chiamo e gli dico di chiamarti, punto. Ascolta, aspetta che lo Chia… aspetta che lo chiamo, dai aspetta. Ti richiam..., ti faccio richiamare da lui, dai Ciao»

Qualche prova con Sam è acquisita, ora tocca a Zico, sono riuscito a fissare un incontro anche con questo, Nicola gli continua a fare chiamate, quindi ora Zico, finalmente, è disposto a fare due chiacchere con me. Nicola con il pretesto della cessione del credito si sta rivelando utile, incontrerò Zico fuori dal ristorante dove lavora in piazza Mascheroni, devo semplicemente acquisire informazioni sulle voci del caffè cittadella ed il legame con Frida e le sue attività.

Incontro Zico: file 20080403_000001_zico[estensione omessa].

Zico mi dice di attendere fine mese che vede di riuscire a pagare qualcosa, Nicola gli ha chiesto duemila euro,

Zico dice che «non caga fuori i soldi», a fine mese gli darà qualcosa.

[M 00:28] «Tipo? Quanto? Glielo dico (a Nicola)»

[Zico 00:31] L'ho già detto a lui prima, non tirarmelo in ballo adesso che chiamo pure i carabinieri»

[M 00:41] «Ah beh, chiamali pure, chiamali pure i carabinieri, voglio dire…»

[Zico 00:44] «Sì, sì, aspetta»

[M 00:46] «Per cosa li chiami?»

[Zico 00:48] «Mi minaccia» riferito a Nicola, intende dire che lo sta minacciando per recuperare i soldi.

[M 00:49] «No, m'ha detto che non t'ha minacciato, Nicola non ti minaccia»

[Zico 00:52] «Va bene, a me non interessa, così con i carabinieri, lo risolviamo con loro così»

Lo dice perché è ammanicato.

[M 00:59] «Ah, non vedo l'ora. Così ci sono due denunce. Vai, vai, chiamali, chiamali, poi cosa gli dici a Porcaro? Guardi, Porcaro (Marco) mi ha tirato già fuori dai cazzi dall'incidente (motivo per cui gli ho prestato i soldi) e mi tiri fuori dai cazzi (inteso crei problemi a chi ti ha prestato soldi) anche Nicola, con Nicola che ha già fatto una denuncia per un altro recupero di un credito. C'è poi un casino. Vabbè, oh, a me non cambia niente. No, no, vabbè, ma a me non cambia niente di che. Anche se faccio una denuncia a me non cambia dopo un cazzo, cioè anzi una buona occasione per dire: "scusa maresciallo, ma perché Corry spaccia?"»

[Zico 01:48] «Io pulito sono»

Mette le mani avanti mentre lo dice, è una reazione in cui speravo, non ha negato, quindi non sono solo dicerie.

[M 01:49] «Ah, una cosa. Eh sì, a proposito di "pulito suono" dato che nessuno si fa mai cazzi (propri) al Cittadella, ma saltano fuori le voci di una volta quando Corry, oramai aveva finito di venderla tutta (rif. la cocaina) e poi gliel'hai portata per lui»

[Zico 02:03] «Sì, sì, sì, può essere successo, ma tempo fa»

Lo dice come se dovesse giustificarsi

[M 02:07] lo rassicuro «Ma no, non è per quello. Te lo dico perché non me ne frega niente, io non vado a sputtanarti in giro. Te lo dico perché comunque quando non ti stanno accanto gli altri (intendo quando ti sono alle spalle) … sai com'è lì l'ambiente, a me proprio non frega nulla.»

Parlo poi della truffa fatta da Frida a Sam, gli racconto che Sam ha detto che vuole recarsi dai carabinieri perché con la cessione del credito si sente perseguitato da Nicola ed ha detto che vuole andare dai carabinieri

[M 02:45] «Però scusa, ma gli ho detto già ho detto vai. se vai li (a fare denuncia) mi fai un favore. Poi cosa gli dici? "Guardi che mi ha prestato ottomila euro che è stato truffato da un'amica del maresciallo che ha pensato di vendermi finti permessi di soggiorno. Ora cortesemente me li richiede senza interessi"»

[Zico 03:10] «Appuntato Buongiorno»

Saluta un carabiniere che è a venti metri dietro le mie spalle, non lo fa per educazione, è un modo per farmi capire che lui é uno dei servi, il tutto nonostante si atteggi a boss.

[M 03:12] mi volto «Buongiorno»

Poi continuo a parlare con Zico, dopo un minuto chiudiamo la conversazione, sono riuscito a registrare ciò che volevo.

XII

PIÙ ROSSI CHE GRIGI

> Il comunismo non è mai andato
> al potere in un paese che non
> fosse smembrato dalla guerra o
> dalla corruzione, o da entrambe.
> (J. F. Kennedy)

Febbraio duemilaundici, trovo una chiamata persa dal capitano Pirrazzo, GDF_39335[omissis].wav, lo chiamo con l'altro telefono.

[M 00:00] «Pronto, capitano Pirazzo?»

[M.llo Ena GDF 00:02] «No, chi lo desidera?»

[M 00:02] «Guardi, sono [Marco] m'ha chiamato su sull'altro numero»

[M.llo Ena GDF 00:07] «Buongiorno [Marco], Buongiorno, sono il maresciallo Ena, la stavamo cercando perché abbiamo bisogno di arrivare a

fare una verifica alla [nome azienda]»
inserisce il vivavoce

[Cap. Pirrazzo GDF 00:18] «Hey»

[M 00:20] «Avete tutti i documenti, che verifica avete bisogno?»

[Cap. Pirrazzo GDF 00:23] «No. Comunque dobbiamo formalizzare con un altro», il Maresciallo Ena, si rivolge al Capitano Pirrazzo «Vuole parlarci lei con il sig. [Marco], glielo passo?»

[Cap. Pirrazzo GDF 00:31] «Pronto»

[M 00:32] «Pronto capitano? Mi dica?»

[Cap. Pirrazzo GDF 00:34] «[Marco], lei è più inafferrabile di 007»

[M 00:37] «Vabbè, lo prendo, lo prendo come un complimento, è un complimento?»

[Cap. Pirrazzo GDF 00:45] «Sí, sí, sí; Senta, va bene, una cortesia, ci, ci dovremmo venire incontro. In questo senso, noi dovremmo formalizzare l'avvio di un controllo nei confronti della sua ditta individuale, come le stava dicendo il maresciallo Ena. Penso che insomma, come c'eravamo già detti, poi, quando ci siamo visti l'ultima volta, noi saremmo anche disposti a venire a bergamo»

[M 01:04] «Sì»

[Cap. Pirrazzo GDF 01:05] «Ci vogliamo incontrare, se per lei non è un problema presso la compagnia della finanza di bergamo, va bene?»

[M 01:11] «Non è un problema»

[Cap. Pirrazzo GDF 01:13] «Allora, guardi noi, siccome abbiamo… siamo un po' incasinati, se per lei non è un problema ci possiamo dare appuntamento, per il venticinque febbraio»

[M 01:23] «Un secondo che lo segno sull'altro cellulare perché questo numero era quello della ditta, non è attiva. Bene, comunque, un secondo, anche… prendo l'altro telefono, allora, venticinque febbraio che è un venerdì. Allora a che ora?»

[Cap. Pirrazzo GDF 01:40] «Alle dieci direi»

[M 01:42] «Alle dieci A.M. Allora?»

[Cap. Pirrazzo GDF 01:46] «La compagnia di bergamo che… allora, se mi dà un attimo le do anche l'indirizzo»

[M 01:51] «Sì, sì, anche perché lo devo segnare che…. dovete formalizzare quello che avete già fatto»

[Cap. Pirrazzo GDF 02:00] «Formalizzare, dal punto di vista fiscale, quello che…»

[M 02:04] «Sì, anche perché ho una questione, che l'Agenzia delle entrate, io gli avevo inviato una lettera chiedendo la sospensione di un…, come si chiamava, di un avviso di accertamento. Il problema è che… L'ag…, vabbè l'Agenzia delle entrate di bergamo, non è proprio onesta, perché ha fatto un controllo ad Autoverde e stranamente l'hanno avvisata, e ha venduto la società una settimana prima, quindi, quindi mi è arrivata questa multa da ottocentomila euro, che però io adesso devo inviargli per notifica, che…, perché io gli ho inviato richiesta di annullamento. Poi nel frattempo siete arrivati voi, poi loro mi hanno risposto che non l'annullavano. Però io ora devo dirgli: "guardi che è tutto in mano alla Guardia di Finanza". Io ho tutta della documentazione, gliela porto al massimo gliela inviate voi»

[Cap. Pirrazzo GDF 02:52] «Sì, sì, va bene. Intanto, poi ne parliamo quando ci vediamo, allora, guardi, le do l'indirizzo, che è la compagnia di bergamo che è via Cassina dieci»

[M 03:00] «Via cascina…»

[Cap. Pirrazzo GDF 03:02] «Cassina, Cassina»

[M 03:04] «Cassina, via Cassina, via Cassina dieci. Va bene, OK?»

[Cap. Pirrazzo GDF 03:14] «Una cortesia, siccome lei è inafferrabile, se c'è qualche problema, mi può contattare a questo numero? Mi fa sapere»

[M 03:19] «Sì, sì, ma se vuoi. Problema, non so se si ricorda, ma la volta scorsa mi ha chiamato su un altro numero perché questo è il numero ufficiale dell'azienda e mi aveva chiamato sul personale. Le ridò anche l'altro numero»

[Cap. Pirrazzo GDF 03:29] «Eh, me lo dia, perché io purtroppo non ce l'ho più»

[M 03:32] «Allora il 388? 388. [omissis] le raccomando che 388 perché tutti sbagliano, fanno 338»

[Cap. Pirrazzo GDF 03:35] «Va benissimo, va bene, rimaniamo d'accordo con il venticinque»

[M 03:51] «Arrivederci, Salve»
[Cap. Pirrazzo GDF 03:52] «La ringrazio, Salve»

È il 25/02/2011, ricevo una chiamata da un numero che non conosco: M.llo_Ena_25-02-2011_08_14_+39 [omissis] (incoming _call).wav
[M.llo Ena GDF 00:00] «[Marco]»?
[M 00:01] «Sì»
[M.llo Ena GDF 00:02] «Buongiorno, sono il maresciallo Ena, lavoro con Pirazzo, col Capitano»
[M 00:05] «Sì, mi dica»
[M.llo Ena GDF 00:07] «Eh no, perché stamattina, già vabbè, ho già lasciato un messaggio. Il fatto che capitano Pirazzo stamattina ha avuto un contrattempo è arrivato un po' tardi in caserma. Noi siamo partiti adesso da Sondrio»
[M 00:16] «Siete partiti adesso da Sondrio?»

[M.llo Ena GDF 00:20] «Da Sondrio, quindi, ci vorranno un paio d'ore, un paio d'ore e mezza, quindi. Proprio se possiamo vederci verso le undici e trenta lì alla compagnia di bergamo»

[M 00:29] «Non c'è nessun problema, per me va b…, basta dirlo, ma il capitano lo informa lei perché io l'ho sentito al …»

[M.llo Ena GDF 00:35] «Lo sapeva il capitano che siamo partiti tardi, infatti ho detto no, mo' sento io il [Marco], Infatti, ho detto, speriamo che mi risponde perché magari vede il numero mio e niente, noi arriviamo»

[M 00:43] «Vabbè, ma io …, io rispondo comunque, indipendentemente dal numero»

[M.llo Ena GDF 00:47] «Sì, sì, no, l'unica, l'unica cosa, l'unica cosa a me. Arriveremo verso le 11:30, ma comunque non si preoccupi perché ci mettiamo poco, eh»

[M 00:53] «Ma guardi che a me non cambia niente. Faccio delle altre cose in bergamo prima, ma volevo dire sia lei sia il capitano. Arrivate alle undici e trenta, il capitano arriva prima?»

[M.llo Ena GDF 01:01] «No, no, il capitano non arriva proprio, il capitano Pirazzo è rimasto solo a Sondrio perché aveva da fare delle cose, era un po' impegnato»

[M 01:07] «Ah, va bene, va bene, dai»

[M.llo Ena GDF 01:08] «Comunque saremo solo io e un altro maresciallo. Abbiamo portato, dobbiamo solo fare vedere l'atto notifica, le facciamo firmare e poi torniamo giù»

[M 01:15] «OK, vabbè, me lo potevate mandare per fax a questo punto?»

[M.llo Ena GDF 01:19] «No, no, bisogna fare certificazione in originale, capisci?»

[M 01:22] «Vabbè per posta; vabbè come volete voi tanto lo fate voi il viaggio da Sondr..., io son già qui, Eh»
[M.llo Ena GDF 01:27] «Sì, sì, sì, sì, no. Infatti, è un piacere comunque. Rendere al giudice?»
[M 01:34] «No beh, ma io, un piacere, ve lo faccio volentieri, non ho nulla da nascondere, quindi sai cosa me ne frega? Però»
[M.llo Ena GDF 01:39] «No, no, **lo so, lo so, lo so bene**, non ci siamo mai sentiti, mai visti. Comunque, vabbè, poi ne parliamo <u>dopo</u>»
[M 01:43] «Sí, ne parliamo dopo, anche perché ho da spiegargli che a bergamo invece non sono onesti come voi, sono un po' delinquenti alcuni, eh?»
[M.llo Ena GDF 01:50] «Ah, ma parla sempre dei finanzieri?»
[M 01:52] «No, sia finanzieri, sia carabinieri, finanziere solo uno in questura (errore, è in procura), perché

io ho denunciato una, una persona che era —»

[M.llo Ena GDF 02:00] «Facciamo così mo' dice dopo, [Marco], quando ci vediamo»

[M 02:01] «Va bene, va bene»

[M.llo Ena GDF 02:02] «<u>Mo' dice dopo,</u> per telefono è meglio non parlare»

[M 02:04] «Sì, sì, sì, va bene comunque, io dico, io dico [Marco] e sanno già in che ufficio portarmi? comunque?!»

[M.llo Ena GDF 02:12] «Se lei va verso undici e trenta, ci troviamo direttamente là»

[M 02:14] «In via Cassina dieci va bene, dai a dopo, dai, ci pensiamo, arrivederci, arrivederci»

[M.llo Ena GDF 02:18] «Arrivederci»

Li aspetto in via Cassina, arrivano, sono il Maresciallo Ena Gianluca ed un altro Maresciallo

Il maresciallo Ena mi sta chiedendo info sulla chiamata fatta tra me e lui perché si è accordo della registrazione.

M «Ah, ha sentito il beep ogni sei secondi?!» (alcuni programmi che registrano le chiamate producono un beep ogni sei secondi)

M.llo Ena GDF «Eh, sì»

M «Comunque ci sono anche app che non fanno fare il beep»

M.llo Ena GDF «Ah sì, mi dice il nome?»

M «Sono diverse, al momento non mi viene in mente il nome, ma se vuole le mando un messaggio appena lo trovo»

M.llo Ena GDF «No, mi mandi una mail, le do quella personale, può segnare»

M «Memorizzo, sul cell., lo metto assieme al suo numero, mi dica…»

M.llo Ena GDF «wugyena@libero.it»

Entra nella stanza il Capitano della Caserma di bergamo

M.llo Ena GDF «Buongiorno Capitano»

Capitano «Buongiorno Maresciallo»

M.llo Ena GDF «Le porto i saluti del Capitano Pirazzo, mi ha detto che siete stati in accademia insieme e le manda i saluti»

Capitano «Grazie, gli mandi i miei»

M.llo Ena GDF «Certamente Capitano»

Capitano «Perché siete venuti a bergamo, Maresciallo?»

M.llo Ena GDF «Per un controllo, dovevamo incontrare una persona» guardando nella mia direzione

Capitano «Lei è?»

M «Sono l'imputato»

M.llo Ena GDF «No, lui è Marco [omissis] della [omissis]»

M «Appunto l'imputato, piacere Capitano»

Capitano «Piacere»

Il capitano se ne va.

M «Come le stavo dicendo Maresciallo Ena, [omissis] Enzo non è un prestanome, è di fatto un collaboratore dell'agenzia delle Entrate, fa dichiarazioni compiacenti, infatti ha la partita iva aperta da molto prima di conoscere [Alberto], sa inoltre che in Agenzia delle Entrate a Lecco mi ha chiamato un certo Iachielli o Iacovelli ed ha tentato di farmi testimoniare il falso? Ma poi da quando uno dell'Agenzia delle Entrate può fare interrogatori come i poliziotti?»

M.llo Ena GDF «Ehm, ma non è importante per il procedimento»

M «Ma come non è importante? Questo fa dichiarazioni di comodo su richiesta dell'Agenzia delle Entrate di Lecco, mi ha detto che ha dichiarato che era malato e firmava dei fogli in bianco perché gli servivano dei soldi per le medicine, quello va a Escort tutti i giorni e spende un sacco di soldi nelle

VLT, le macchinette, altro che malato, una volta mi ha detto:

Enzo «[Marco], tu hai dei soldi da investire?»
M «No Enzo, ma tu da quando ti intendi di investimenti? Fai trading online?»
Enzo «No [cognome], conosco due polacche. Allora hai dei soldi da investire?»
M «No, Enzo, ma l'ML 320 (Mercedes) arriva? Tra poco mi arriva in banca l'assegno e se non ho sopra i soldi mi chiudono il conto»
Enzo «Devo chiedere» (Inteso devo chiedere al fornitore estero)

M.llo Ena GDF «Ehm, no, no, non sono importanti nel procedimento queste cose?»
M «Non è importante che fanno testimoniare il falso per non pagare

risarcimenti, [Enzo] mi ha detto che gli hanno chiesto di testimoniare questo, intendo, che non aveva mai emesso fatture e invece ne aveva emesse più di cento, perché [Alberto], non so se lo ha presente, l' ho visto poche volte, ma è più alto di me, io sono circa un metro ed ottantatre centimetri, lui sarà almeno un metro e novanta; ha vinto una causa con l'Agenzia delle Entrate di Lecco, perché gli hanno fatto saltare per aria l'azienda ed era innocente, sono andato a vedere dove era l'azienda dopo che me ne ha parlato [Enzo], è a Mandello del Lario, sul lago, appena uno entra in paese si vede uno di quei vecchi capannoni industriali, quelli che hanno il tetto a punta con un angolo a quantacinque gradi.»

M.llo Ena GDF «Sí, ho presente, c'eravamo ancora noi»

M «Come c'eravate ancora voi?»

M.llo Ena GDF «Sí, c'eravamo noi»

M «Non ho capito, eravate sempre voi che avete indagato su questo di Mandello del Lario?»

M.llo Ena GDF «Ehm, sí»

M «Ma da Sondrio fino a quel punto? Lì a Mandello?»

M.llo Ena GDF «No, non da Sondrio, ma c'eravamo sempre noi»

M «Ok, c'eravate voi, inteso che c'era lei maresciallo, ma non mi vuole dare info, comunque tutti in paese sanno che i proprietari della carrozzeria avevano rapporti privilegiati con l'agenzia delle entrate, ma nessuno ovviamente denuncerà»

M.llo Ena GDF «Ehm, sí c'eravamo noi»

M «Va beh, ok, comunque [Enzo] mi ha detto che l'avvocato, che ha preso [Alberto], è uno importante, è stato anche sindaco di Milano ed hanno condannato l'agenzia delle Entrate a pagare un milione e mezzo di euro e per non pagare, un anno dopo hanno chiesto a [Enzo] di dichiarare il falso, non che a me [Alberto] stia simpatico, gli ho anche fatto una denuncia, mi ha truffato, ma questa è una cosa grave che potrebbero fare a chiunque, bisogna dirlo al Magistrato, è una roba mafiosa questo comportamento»

M.llo Ena GDF «Ehm, no perché al magistrato interessa solo quello che è inerente al procedimento»

M «Sì, sí ho capito»

M.llo Ena GDF «Noi volevamo avere un'informazione...»

M «Ok, cosa? Ho detto quello che sapevo al capitano quando è venuto»

M.llo Ena GDF «Sí, lo sappiamo, ma secondo lei [Marco], è stato Gagliardi ad inventare lo sblocco dell'auto pagando milleduecento euro»

M «Non lo so, non so come funzioni, io acquisto ivato e vendo ivato, quando ho lavorato come dipendente per un ufficio che vendeva auto il mio titolare mi diceva sempre: "Se vuoi fare questo lavoro, comprale ivate altrimenti poi ti danno la frode iva"; quindi, di fatto a me non interessa molto di questo procedimento»

M.llo Ena GDF «Ma quindi secondo lei Gagliardi sapeva che l'iva delle auto non era pagata?»

M «No, come me non lo sapeva nemmeno lui»

M.llo Ena GDF «E com'è possibile! Il gigante buono?»

M «Le assicuro che non sapeva nulla, so che in passato ha avuto problemi col fisco, ma poi si è messo in regola, si figuri che va a giocare a tennis con il direttore dell'agenzia dell'Entrate, quindi è molto regolare e preciso. Se vuole glielo posso dichiarare, vuole fare una dichiarazione scritta e gliela firmo»

M.llo Ena GDF «No, no, non serve»

M «Piuttosto, invece uno criminale è [omissis] Remigio dell'Autoverde, il maestro di [Alberto], gli ha insegnato lui a fare il venditore di auto»

M.llo Ena GDF «[Alberto] ha insegnato ad Autoverde?»

M «No, il contrario»

M.llo Ena GDF «Autoverde ha insegnato ad [Alberto]?»

Annuisco «Mi ha detto [Alberto] che mi avrebbe fatto fare delle multe da un amico di Remigio dentro l'agenzia delle entrate e ci è riuscito, pensavo mi prendesse in giro, una delle sue spacconate, ma invece con una soffiata tramite l'amico in Agenzia delle Entrate, ha chiuso la Autoverde, ha aperto la Autoverde 07 S.r.l. inventando dei soci solo sulla carta e mi ha fatto arrivare ottocentomila euro di multe dall'agenzia delle entrate, questo sarebbe da arrestare.»

M.llo Ena GDF «Ehm, no, non è inerente al procedimento».

Mi rendo conto che il maresciallo Ena ha un comportamento molto anomalo per uno che deve fare delle indagini, ma ho cose più importanti a cui pensare. Saluto i due marescialli, devo tornare dove mi sono arroccato in montagna.

XIII

LA TRAPPOLA DEI GIOPPINI

> È la troppa intelligenza che non stava
> nel cervello, allora il Padre Eterno me
> l'ha messa qui sotto. (Gioppino,
> personaggio del folklore bergamasco)

Incoming_Fabri _2011_6_3_16_0_13.mp3
Rispondo, nemmeno mi saluta.
[Fabri 00:00] «Comunque volevo dirti di non preoccuparti tanto, perché guarda che comunque io quando ho parlato con il Dario, ecco, erano tutti disposti comunque a sistemare la cosa in modo benevolo, capito?»

Intende dire che non devo scontrarmi con la caserma dei carabinieri di città alta, i quali hanno creato un pretesto per farmi andare lì per fini di vendetta dopo essere riusciti a far distruggere una parte del fascicolo e proteggere Frida la escort & soci.

[M 00:13] «No, no, non è che… la questione Dario, la questione è lo scemo, quello che ha la mia età, l'imbecille in A3 [intesa Audi], è quello che farebbe qualsiasi cosa gli chiede il maresciallo, anche illegale, quello che …non mi avesse rifiutato… anche di dirmi il nome quando m'ha chiamato» [Fabri 00:26] «Ma non t'ha chiamato, non t'ha chiamato Dario? (un carabiniere della caserma di città alta)» [M 00:28] «No, m'ha chiamato Dario, ma poi m'ha chiamato l'altro, peraltro, Nicola, quando ha fatto la denuncia m'ha detto—» [Fabri 00:33] «Ascolta, ti dico solo una cosa, se veramente ci fosse qualcosa contro di te, non… nessuno si interesserebbe, capito? Perché comunque anche il Dario stesso, se c'è il superiore, capito, non si mette… Sì, ma hai capito? …»

[M 00:47] «Sì, ma dato che Dario è come Boldrini, comunque è uno onesto e non vuole entrare nelle cazzate. Ma mentre gli altri sai che, o sono scemi e non capiscono un cazzo di quello che gli si dice, gli fa… la cosa. Basta che gli dicano di fare una cosa, gli dicono: va bene. Cioè Dario e Boldrini e sono gli unici che hanno due dita di cervello lì dentro. (intesa la caserma) uno è andato in pensione (Boldrini ex paracadutista).»

[Fabri 01:09] «Io con tutto il cuore, sinceramente non vedo quale problema che ci sia con il maresciallo perché comunque sono tutte stupidate che sono che sono andate a posto quindi… (intende insabbiato)»

[M 01:19] «No, non è andato a posto un cazzo con Frida, non è proprio andato a posto un cazzo»

[Fabri 01:23] «sì, però non penso che abbia il tempo di…, capito? Vabbè, dopo magari sai, però non io non mi preoccuperei assolutamente di quello. Anzi, più che altro se riesci a recuperare anche l'altro. (recuperare soldi prestati a Zico)»

[M 01:36] «Sì, va bene.»

[Fabri 01:38] «Eh, secondo me, una cosa …?»

[M 01:42] «Vabbè comunque intanto in questi giorni do l'appuntamento a Nicola, gli dico di portarmi la denuncia e…»

[Fabri 01:49] «Sì, vabbè, ma quando penso che non ci sia nessun tipo di problema»

[M 01:51] «Ma sai…, [Sam] lavora ancora al Bernabò che tu sappia?»

[Fabri 01:55] «Lo sai che non lo so? Non lo vedo perché io non frequento più, non ci sei più te così non frequento più neanche il (caffè) cittadella da mesi proprio.»

[M 02:02] «ah, va bene.»

[Fabri 02:04] «Poi con Nicola. Alla sera non si usciva più da mesi e niente, e lui aveva i suoi cazzi ed io miei cazzi.»

[M 02:13] «Ho Capito? Ho capito, ho capito? Va bene.»

[Fabri 02:16] «OK dai, OK, Ciao.»

[M 02:18] «Ciao, Ciao Ciao.»

Passa una settimana, altra chiamata da Fabrizio, mi chiede come sto e va dritto al punto:

Fabri «Dai che ti vuole parlare (intendendo il maresciallo)

M «NON MI DEVE PARLARE, SI DEVE DIMETTERE!!!»

Fabri «Ma se mi fai paura, ma perché fai così, dai che la chiarite, dai che poi io»

M «Non c'è niente da chiarire, si deve dimettere»

Fabri «Dai che ci vediamo una di queste sere e chiarite»

M «Certo, con te che mi colpisci al fegato ed ai reni»

Fabri «Ma lo facevo, ma lo facevo perché vedevo che avevi paura»

M «Certo, tu mi colpivi al fegato ed ai reni in nome e per conto del Maresciallo Porcaro perché avevo paura»

Fabri «Ma sì che mi dicevi: Fabrizio proteggimi»

M «Certo e tu mi colpivi al fegato ed ai reni per conto del maresciallo»

Chiudo la Chiamata

Passano sei mesi, la mia vita da semi latitante continua, intanto é passato anche un altro Natale e relative feste.

XIV

COSCIENZE OMERTOSE

Chi fugge dalla propria coscienza
prima o poi scoprirà che
"la propria coscienza"
corre molto più veloce.
(Fabrizio Caramagna)

È il 14/01/2012, ho una cena con gli amici della palestra che frequento, mentre li aspetto davanti al locale mi pare di intravedere di schiena una sosia di Laura, spero non sia lei, non voglio sceneggiate da (finta) perseguitata; arrivano gli altri, hanno prenotato un tavolo, è dalla parte opposta a quella dove ho visto la presunta sosia, la cosa mi tranquillizza, mi metto di spalle rispetto al tavolo dove mi pare di aver visto Laura. Dopo la cena usciamo in un altro locale a prendere un drink, lascio la mia auto parcheggiata e salgo come passeggero sull'auto di uno degli amici, al ritorno, verso le due e trenta, mi dirigo verso la mia auto, la carrozzeria è ricoperta da un paio di millimetri di brina, mi fermo, guardo la mia auto, qualcuno ha scritto qualcosa sul cofano della mia berlina, non sembra un: "lavami", guardo meglio, qualcuno ci ha scritto: **AMAMI**; peraltro a lettere alte circa trenta centimetri e con un carattere ricercato; quindi non ho visto una sosia; comportamento assurdo; faccio delle foto, ancora una volta maledico il fatto che non mi interessino i cellulari con fotocamere importanti, molti pensieri nella testa, sono oramai da due anni precario, in parte per scelta, voglio farmi dei clienti fuori da questa cittá, non ho ancora chiuso la mia attuale p.iva per poi aprirne una nuova, vivo per necessità in uno stato di semi latitanza ed ho tutti contro, istituzioni marce.

Sono in Città alta a sistemare il computer in un negozio di [MaBo], un signore che ha alcuni negozi in città alta, mi chiede come va in generale, gli spiego che va male per colpa delle porcate del maresciallo
[MaBo] «Mi parli di una città alta che non conosco»
[M] «Sono cose che sanno tutti come quella del bambino investito dalla compagna del maresciallo»
[MaBo] «Mmm, tu pensi al maresciallo perché hai dei problemi di lavoro» dopo averlo detto sposta lo sguardo verso un suo amico ed avvocato che è lì con noi, io non rispondo e sorrido davanti alla sua apologia di omertà, [MaBo], tu che ti ritieni uno "nato con la camicia", potresti fare una pessima

figura un giorno, potresti scoprire che quella è una camicia di forza e tu sei uno degli schiavi della mafia con la divisa. Mi paga, lo saluto e me ne vado. Qualche giorno dopo sono nell'altro negozio di MaBo che vende abbigliamento, sto parlando con la mamma della mia amica che è dietro il bancone, è una domenica di febbraio, indosso una giacca impermeabile color celeste, alle mie spalle si sta aprendo la porta, è Eli con il suo ragazzo, appena mi riconosce di schiena si ferma dall'aprire la porta, si abbassa e prende il suo ragazzo per il braccio per allontanarsi dal negozio. L'ho incontrata la settimana scorsa, ma le sono stato alla larga, era nel negozio di abbigliamento dove lavora in questo periodo di fronte alla chiesa di Sant'Alessandro, il negozio è di Ines (sorella di Bruna) e del socio. Faccio finta di nulla, devo attendere pazientemente.

XV

RUBER DUX NON MEA LUX

Più di una bestiolina sarebbe fin troppo
felice se riuscisse a leccare il culo a una
tigre. Lì, sotto la coda, starebbe
relativamente al sicuro,
ma è difficile arrivarci.
(Bertolt Brecht)

È il 29/02/2012, mentre sono al computer mi arriva una notifica da un plug-in che mi informa quando qualcuno mi toglie l'amicizia in Facebook, se è una persona di bergamo, mi conviene controllare; chi mi ha tolto l'amicizia è Sara Masper, quella del B&B casa Carlotta, mi pongo delle domande, ma non so che motivazione ci possa essere, se non qualcosa di lesivo che mi stanno organizzando contro, non riuscendo ad individuarmi ufficiosamente.

Primo marzo duemila dodici, squilla il telefono, sono le sei e trentanove, sono ancora mezzo addormentato, è il Maresciallo Ena.

Incoming_M.llo_Ena(finanzaSondrio)2012_3_1_6_39_16.mp3

[M 00:00] «Pronto»

[M.llo Ena GDF 00:01] «Buongiorno, Buongiorno [Marco], [Marco] dove? dove abiti adesso fammi capire?» fa il duro mentre lo dice.

[M 00:05 «A Brusaporto (errore era Seriate (BG))»

[M.llo Ena GDF] «A dove? Brusa…?»

Passa il telefono al Capitano Pirrazzo

[Cap. Pirrazzo GDF 00:11] «Pronto capitano, cosa è successo?»

[Cap. Pirrazzo GDF 00:18] «[Marco], Buongiorno, abbiamo bisogno di te di nuovo, senti, ma dove ti trovi che là non ci sei più a…a… coso, come a borgo canale?» non ero a borgo canale nemmeno quando conobbi il capitano e venne a farmi la perquisizione, non ricordano quello che scrivono negli atti.

[M 00:25] «Eh no, Eh no, eh. Mi sono trasferito poco dopo e sono a Seriate, ma io sto uscendo»

[Cap. Pirrazzo GDF 00: 30] «ditemi dove…»

[M 00:32] «Sto Andando, Eh, devo andare al lavoro, a lavoro»

Cap. Pirrazzo GDF 00:35 «Dove?»

[M 00:37] «Riparo PC, adesso sto per aprire una nuova azienda. Di consulenza informatica, sto chiudendo la vecchia»

[Cap. Pirrazzo GDF 00:43] «Perfetto, dai, aspettaci un attimo là, tanto arrivano, sono, sono, sono già lì, con lei a Seriate ed ora, dammi l'indirizzo»

[M 00:50] «Dai, sì, ma ho dei coinquilini. Ma cosa è successo?»

Cap. Pirrazzo GDF 00:52 «No, non ti preoccupare, non ti preoccupare, ti devono notificare una cosa, però devono venire là»

[M 01:00] «Ah, devono entrare? No, devono entrare per perquisire? non per altro, perché ho dei coinquilini»

Cap. Pirrazzo GDF 01:04 «No, no, no, non ti preoccupare»

[M 01:06] «Eh via Brusaporto 54, ma non è… non ho il nome sul campanello ancora»

Cap. Pirrazzo GDF 01:11 «E vabbè, gli do il tuo numero, ti chiama dal… (ti chiama il) maresciallo Giordano. [incomprensibile] Allora Seriate via Brusa…»

[M 01:14] «Brusaporto 54, devono salire? scendo io in ciabatte»

Cap. Pirrazzo GDF 01:25 «Scendi tu, dai, Brusaporto 54, dai adesso arrivano, dagli dieci minuti. Insomma, va bene?»

[M 01:30] «Sì, sì, va bene»

Cap. Pirrazzo GDF 01:32 «Okay, ti ringrazio dai»

[M 01:33] «Grazie»

Vedo dalla finestra un'auto che arriva, mi affaccio, capiscono che sono io quello che cercano, dal citofono gli apro il portoncino di ingresso, salgono in fretta, gli ho lasciato la porta d'ingresso parzialmente aperta. Arriva in casa il Maresciallo Giordano, di Chiavenna (SO), con altri tre finanzieri, mi pare che il nome sia Mario, dal modo di fare è un bullo, prepotente dai modi; inizia a parlare con voce da duro, mi dice che sono in arresto e mi mette davanti al volto un'informativa di trecento pagine, sorrido, sembra uno scherzo.

M.llo Giordano GDF «Che te ridi, è una cosa seria, anzi, se sai qualcosa diccelo subito»

Devono perquisire l'appartamento, glielo lascio fare, il pc non lo asportano, non sembrano interessati, è troppo pesante ed ingombrante, è in un *case* da *rack* in metallo da 4U, pesa senza i componenti interni circa venti chili, mi tranquillizza che non vogliono asportarlo. Durante la perquisizione, il telefono suona, è una notifica dell'agenda, il finanziere due mi chiede cosa è quel *remainder*.

M «Devo andare dal dottore, ho un impegno stamattina»

Finanziere due «Che dottore? Stai male, che hai?»

M «La psicologa»

Finanziere due «Ah, allora qualche problemino lo abbiamo», sorrido senza rispondere. Il maresciallo Giordano mi chiede di firmare la notifica dell'informativa e mi dice che gli arresti domiciliari sono: «un privilegio», mi danno una penna per firmare, poi mi dicono che me la lasciano, è un regalo.

M.llo Giordano GDF «Hai visto, ti ha regalato pure la penna il collega»

M «Grazie» rispondo apatico, mi preoccupo per le parole impiegate e che fanno intendere il significato attribuito al loro gesto; per loro il regalarmi una penna di plastica con scritto sopra: "spluga petroli", è considerato una raffinata forma di manipolazione. Mi portano verso la loro auto, sono seduto sul sedile posteriore in mezzo a due finanzieri, il maresciallo Giordano e sul sedile anteriore del passeggero, il quarto finanziere guida.

M.llo Giordano GDF «Hai una fidanzata? Eh, ce l'hai una fidanzata? se hai una fidanzata il padre sta a festeggia', sta a bere champagne adesso, io sono padre e posso capire, io ho una figlia di due anni», rispondo con dei cenni che dicono: sì oppure no, la sua voce è cacofonica, è un trigger che mi produce flashback, mi ricorda quel pedofilo dello zio Salvatore. Se non si fosse dimesso dalla Polizia sarebbe così, chissà se poi sarà riuscito a scoparsi qualche bambino, magari i suoi nipotini, oppure ha fallito come con me? me lo chiedo mentre il maresciallo continua a parlare, speriamo chiuda la bocca in fretta.

Finanziere uno (alla guida) «bergamo, questa è bergamo, ti piace stare a bergamo?»

M «No, proprio no, non mi è mai piaciuta»

Finanziere uno «Perché stai qui se non ti piace?»

M «Questioni di lavoro, sto vedendo come andarmene, ma il lavoro è qui» arriviamo in questura ed aprono i cancelli automatici per far entrare l'auto.

Piantone «Pronto fabri, cioè scusa, volevo dire Paolo, ci sono qui dei colleghi…, devi fare un inserimento», la mia attenzione si attiva, sta arrivando Paolo Fabrizi, entriamo in un corridoio e saliamo le scale come da istruzioni del piantone, ha detto che sono tutti in palestra per un aggiornamento. Arriva Fabrizi, mi riconosce, guarda il documento e cerca di stabilire un contatto manipolatorio.

Isp. P. Fabrizi: «Ah, nato a Catanzaro! All'ospedale san Camillo?» si è ricordato di me e cerca di capire se è reciproco.

M «Lo guardo e scuoto un po' la testa, non sono ancora del tutto sveglio, non gli rispondo»

Isp. P. Fabrizi: «Ah, proprio solo nato… (a Catanzaro)» non rispondo, che sia anche lui di origini calabresi? Non ha una cadenza del sud, ma nemmeno io, ha peró la faccia da delinquente, comunque sono nato a villa Sant'Anna. Mi prende le impronte e si mettono tutti a chiacchierare sul fatto che stia usando uno scanner di impronte anziché l'inchiostro, Fabrizi mentre parla continua a lanciarmi occhiate e comprende che mi ricordo chi è lui; continua a parlare dello scanner di impronte rivolgendosi ai finanzieri «Sì, è molto comodo, soprattutto quando facciamo le camionette allo stadio». Io ed i finanzieri ci spostiamo fuori dalla sala del fotosegnalamento, l'area di attesa, è circa venti metri quadri, il maresciallo Giordano è seduto alla mia destra, su una panchina presente sul pianerottolo, siamo diagonalmente opposti all'ufficio dove hanno preso le impronte. Io sono in piedi, con la spalla sinistra perpendicolare al M.llo Giordano, guardo verso la porta dov'è Fabrizi, cerco di captare qualche informazione e di capire cosa stia facendo lì dietro: gli altri non l'hanno notato, ma non era tranquillo mentre mi prendeva le impronte. Hanno fatto diverse porcate nei miei confronti, non vuole che trapelino informazioni; il M.llo Giordano inizia a tentare di ottenere informazioni, ragguagli che peraltro non esistono.

M.llo Giordano Gdf: «Eh, hai visto, hai visto?»

M «Cosa?»

M.llo Giordano Gdf: «Cosa? Questo! è una cosa grave che hai, che avete fatto»

M «Io non ho fatto niente»

M.llo Giordano Gdf: «Niente? l'evasione, la frode iva»

M «Io, come ho detto anche a dei suoi colleghi, compro e vendo sempre ivato, per non aver problemi con l'iva»

M.llo Giordano Gdf: «No, tu sei fallito, ti hanno protestato»

M «Non sono fallito, mi hanno truffato ed è partito il protesto, ma non ho nessun procedimento per fallimento o cose così»

M.llo Giordano Gdf: «Tu eri il prestanome di [Alberto], la testa di legno, sí, di questo»

M «Ma chi, quello di Lecco?»

M.llo Giordano Gdf: «Sì, sí, quello»

M «Quello mi ha truffato, l'ho anche denunciato» il M.llo Giordano fa un'espressione di dissenso come se non credesse a quello che dico.

M «Ma poi..., da quando si fa il prestanome con ditta individuale, solitamente si apre una S.r.l.», lo guardo negli occhi mentre lo dico, non sa darmi una risposta

M. Giordano Gdf: «Eh, com'e che tu hai venduto tutte quelle auto, com'è possibile, mille auto»

M «Sono meno di mille, il primo anno saranno state nemmeno duecento»

M.llo Giordano Gdf: «Eh, sì tu hai venduto duecento auto» si mette la mano davanti al volto come un bavaglio mentre lo dice e poi guarda a destra e sinistra verso il basso

M «Acquistavo su venduto e tutto il giorno inoltravo ordini ai fornitori»

M.llo Giordano Gdf: «Eh, sì com'è possibile che tu…» continua con la mano davanti alla faccia e si volta a destra ed a sinistra come a cercare uno sguardo di supporto; la sua espressione mi fa piacere, mi ricorda il V o anche un suo fratello maggiore, lo zio Franco e tutti i vari parenti, delle vere capre. Fanno quelle espressioni perché, a parer loro, gli altri non possono farcela, perché lo dicono loro. Gli statali poi sono i peggiori, vogliono lo stipendio fisso e detestano chi ha fatto una scelta diversa e nonostante le molte difficoltà, ce la sta facendo, probabilmente fanno le indagini con un ragionamento di questo tipo: "se non ce l'ho fatta io non ce la può fare lui, lo dico io che ho la divisa (o la toga)"

Mentre lo guardo e faccio le mie congetture vedo una figura alla mia sinistra, a ore dieci, sale le scale, noto che ha una tuta grigia ed è molto grasso, ma non faccio caso al personaggio, ad un certo punto l'ho alla mia destra, a ore due, fa finta di guardare una planimetria a destra della porta di un ascensore presente sul piano, volta continuamente l'occhio destro verso di me e mi guarda, mi chiedo: "Ma questo che vuole?", poi lo riconosco, con la tuta, senza la divisa e vedendo un solo lato del volto non avevo capito chi fosse, è il ciccione che mi ha chiuso in ufficio con lui e voleva impedire a Cester di fare la denuncia, (si chiama Marco Gelmini), inizio a fissarlo, non so se ha capito che l'ho riconosciuto, non dico nulla, siamo tutti in silenzio su quel pianerottolo, si dirige verso la porta dove sta Fabrizi, ci entra, passano un paio di minuti, la porta si apre e Fabrizi fa un cenno al maresciallo Giordano di entrare. Stanno dentro meno di un minuto, poi, Giordano apre la porta e dice a tutti di andare a bere un caffè, ci vuole del tempo per preparare le carte. Esco coi tre finanzieri ed andiamo al Bar a destra della questura, appena passata via Galgario, mi chiedono se gradisco un caffè, quindi li ordinano, davanti a me uno dei finanzieri, un piccoletto scuro di carnagione, è quello che mi ha detto «qualche problemino lo abbiamo». Appare molto simpatico, inizia a conversare, nel mentre mi guardo attorno.

Finanziere due «Allora marchino sei tranquillo? tutto a posto? sei sicuro di non aver fatto nulla?»

M «Sì, sono sicuro»

Finanziere due «Oggi sei stato fortunato, ti hanno regalato una penna, ti hanno offerto un caffè e poi ti hanno anche inserito nell'AFIS senza l'inchiostro, altrimenti avevi le mani nere, hai presente?!»

M «Sì, sì, ho capito, è l'inchiostro come quello dei timbri, intendo quello delle ricariche per i timbri, si toglie»

Finanziere due «No, non è quello» nel frattempo il finanziere tre fa cenno di no con la testa

Finanziere due «Non è come nei film, quello che si usa é inchiostro tipografico». Il finanziere tre fa un gesto come se verniciasse con un rullo per farmi capire il tipo di inchiostro.

M «Non ho presente come sia nei film, comunque credo di aver capito, è come l'inchiostro delle penne a china» mi guardano, ma non mi rispondono, sembrano perplessi; il bar è quasi vuoto, mi vengono in mente due cose; la prima è che sono venuto circa un mese fa in questo bar a far un'assistenza informatica, la seconda è che dietro la mia schiena sul muro ci dovrebbe essere un telefono pubblico; in passato, quando ha tentato di impedirmi di sporgere denuncia, l'ispettore capo Gelmini potrebbe aver fatto la chiamata da qui oppure del tabacchi adiacente questo bar.

Arriva una chiamata dal maresciallo Giordano ad uno dei finanzieri, saranno passati circa venti minuti, torniamo in questura, ma senza salire di nuovo le scale, andiamo verso il piazzale interno, saliamo in auto, mi riportano verso casa, penso al fatto che l'ho scampata a non essere in città alta.

M. Giordano Gdf: «Non puoi comunicare, hai capito, non puoi usare il telefono, non puoi comunicare, hai capito?»

M «Ma come? ed il computer?»

M.llo Giordano Gdf: «Non puoi comunicare con l'esterno»

Il maresciallo Giordano continua a ripetere una frase come un mantra «A passaggio di soldi deve corrispondere ricevuta o fattura fiscale, la legge è semplice» riportato a casa mi leggo l'informativa, nel mentre mi chiedo: "Ma i miei documenti?"; capisco che se li sono tenuti, sempre a non fidarmi del mio istinto, il maresciallo Giordano appare marcio come mi facevano comprendere i continui flashback mentre apriva bocca. Si è messo d'accordo con Gelmini e Fabrizi, ma a quale pro? non lo so per ora, nel frattempo vado al mio computer a stampare copia dei documenti che tengo scansionati all'interno, poi penserò ai moventi. Passa un'ora e suona il citofono, sono i carabinieri, devo scendere, quando scendo uno dei due della pattuglia mi chiede i documenti, gli dico che non li trovo, ma che ho le copie a colori, mi dice «va bene» salgo a prenderli, quando torno, mi chiede di cosa sono accusato, gli spiego che mi imputano reati fiscali. Se ne va, è un colpo di fortuna, forse senza documenti mi avrebbero dovuto portare da qualche altra parte o se fossi stato in città alta sarebbe stata una buona scusa per portarmi in carcere perché non avevo documenti o chissà cos'altro.

Squilla il telefono, è l'avv. Martinoli, mi chiede se ho animali che devono uscire per i loro bisogni oppure se ho dei famigliari, non ho nulla, mi accordo per scansionargli l'informativa e inviarle un link per scaricarla, penso che adesso a causa di questa porcata non verrò pagato né dal secondo lavoro come barman nel ristorante, e nemmeno dall'azienda dove vado a fare il tecnico informatico, unica cosa positiva è che i miei coinquilini se ne vanno tra qualche giorno ed avrò la casa libera. Devo rimuovere la muffa che hanno creato, la coppia di coinquilini ha acceso i riscaldamenti, che io non usavo quasi mai, a temperature assurde, tenendo inoltre le finestre chiuse ed adesso ci sono le pareti alte piene di muffa, che io detesto, appena se ne vanno, mi toccherà rimuoverla. Stavo così bene qui, anonimo, in un subaffitto non dichiarato, casa spaziosa, potevo pianificare il da farsi e mi accade questo. Devo tenermi occupato, inizio a leggermi l'informativa di circa trecento pagine, molta roba non mi riguarda e dopo averla scansionata ed aver fatto il riconoscimento dei caratteri, cerco i punti che mi riguardano. I motivi dell'arresto sono: Conclamato spessore criminale (di un

incensurato), conoscenze all'estero (nessun nome presente), fondi all'estero (nessuna cifra o conto citato nell'informativa); ci sono anche delle intercettazioni, ricordo quelle chiamate, il contenuto trascritto nell'intercettazione è: «…fammi sapere se tornerò a lav. nel settore auto, se Laura mi …». Cerco i backup Nokia sul mio pc ed inizio a cercare quel messaggio basandomi sulla data. Il messaggio completo estratto da Nokia Symbian file backup (.nbu) è: «Beh riesci a farmi sapere che cosa vedi per il lavoro, se tornerò a lav. nel settore auto, e quando mi chiama sta cazz di banca x i moneys? E poi laura mi pensa? Poi mi fai anche una performance sex via cell. Ok ;)».
Nell'informativa dell'arresto appaiono inoltre molte omissioni oltre alle intercettazioni telefoniche palesemente alterate; Nel tardo

pomeriggio invio all'avv. Martinoli delle note sui fatti descritti nell'informativa, ma questa non fa nulla, ignora le mie annotazioni e contestazioni nonostante quelle intercettazioni vengano ritenute elementi fondamentali per l'arresto preventivo eseguito. Le telefono, gli dico che hanno alterato le intercettazioni telefoniche, ma non mi ascolta, non gli interessa, gli interessano solo le date per gli interrogatori di garanzia, mi informa, inoltre, che il giorno prima dell'arresto mi hanno notificato l'avviso di garanzia alla mia residenza, quindi una porcata in piena regola.

I magistrati responsabili del procedimento sono: Dott. Giuseppe Camnasio, Dott.ssa Elvira Antonelli, Dott. Fabio Napoleone, è questo a capo di tutto ed è l'ex PM di Mani Pulite.

Tre mesi dopo il mio arresto Frida farà una visita di cortesia al caffè cittadella a dire che si è sposata.

XVI

GARANZIE AI MANETTARI

I giudici affamati firmano
rapidamente la sentenza, e dei
disgraziati vengono impiccati
perché i giurati possano pranzare.
(Alexander Pope)

Il pericolo nuovo che incombe sulla
giustizia è la politicizzazione dei
giudici... Il magistrato che scambia
il suo seggio con un palco da
comizio cessa di essere magistrato.
(Piero Calamandrei)

--- estratto da interrogatorio di
garanzia ---
23 marzo 2012
Dottoressa Elvira Antonelli, sostituto
procuratore della Repubblica, assistita
per la redazione del presente verbale
dal maresciallo capo Gianluigi Mugo,
appartenente alla Sezione di P.G.
aliquota Guardia di Finanza, e alla
presenza del maresciallo ordinario

Gianluca Ena della Compagnia Guardia di Finanza di Sondrio,

Mi fanno molte domande, la mia risposta é sempre un «no» oppure un «non lo so», ma trovandomi per la prima volta a subire un interrogatorio di garanzia, mi chiedo se anche negli altri casi fanno domande idiote come «ma lei sa se tizio ha una scrivania nell'ufficio di caio…» sanno che si commerciavano auto tramite e-mail e telefono e non il porta a porta, forse pensano che si viva facendosi i fatti degli altri.

M «La ditta ha chiuso ufficiosamente nel 2009 dopo il protesto Le pratiche le ho fatte a metà febbraio.»

PM «Del 2009?»

M «No, del 2012, tramite il sistema informatico "Comunica Star Web". Poi adesso sto provvedendo anche alla cancellazione perché tanto è inutile tenerla lì sospesa.»

Avv. Martinoli «Però voi stessi avete dato atto nell'informativa di P.G. che la ditta di fatto dalla fine del 2008, primi 2009, non lavora più.»

Maresciallo Ena «Sì, l'ho scritto infatti, anche perché dal 2009 avrebbe dovuto presentare dichiarazione anche se non è più attiva, a meno che non dà comunicazione all'Agenzia delle Entrate che sia inattivo. Però siccome non era stata fatta …»

Avv. Martinoli «La Camera di Commercio lo fa d'ufficio la sospensione dell'attività»

Maresciallo Ena «Quelle comunque sono contestazioni a livello fiscale»

PM «In ogni caso risultano omesse le dichiarazioni dei redditi»

Maresciallo Ena «Sì, il rilievo è uno solo»

M «C'è comunque anche da dire questo: lei che fa il magistrato, se il commercialista non le presenta una contabilità, gli manda una lettera. Io, oltre che chiamare e lamentarmi, non potevo fare altro, anche perché io soldi glieli davo»

56 [numero trovato nella trascrizione dell'interrogatorio]

PM «Visto che è così preciso, ha tutto su pennetta, andava da un altro commercialista»

M «E ripagavo altri soldi?»

PM «Faceva causa al primo»

M «E ripagavo altri soldi?»

PM «Se lei fosse stata una persona approssimativa sì, ma mi sembra di capire che è una persona molto precisa.»

M «Sì, ma se io pago il commercialista, perché il commercialista non dovrebbe farmela?»

La veritá è che loro sanno benissimo perché il commercialista non l'ha presentata, per fare un favore a procure ed agenzie delle entrate.

PM «Andiamo oltre»

M «Come se io pagassi l'avvocato per farmi una denuncia, poi scopro che non mi ha fatto la denuncia, me l'ha fatta firmare e non l'ha consegnata. Cosa vado a dirgli? Come faccio ad immaginare che non l'ha fatta? Uno va anche in fiducia.»

PM «Lei deve avere copia dei documenti che firma anche al commercialista»

Maresciallo Ena «Anche perché lei ha copia di tutto»

M «Sì»

Maresciallo Ena «La dottoressa ha ragione, il signor [Marco] ha copia di tutto»

Avv. Martinoli «Questo sì»

PM «Vedo che ha una precisione millimetrica nella tenuta della contabilità, per cui a maggior ragione …»

57 [numero trovato nella trascrizione dell'interrogatorio]

M «Se io avessi voluto frodare il fisco, di certo non mi tenevo lì tutta la contabilità a posto, stare lì a sistemarla, a capire cosa il commercialista non riusciva a risalire nei movimenti»

PM «Però era sicuramente un modo per proteggersi dalle persone con cui lavorava.»

L'interrogatorio continua, ad un certo punto la PM prova ad essere aggressiva.

PM «Chiariamo che lei è tutto fuorché scemo, sig. [Marco]»

M «Non rispondo»

PM «Ma tu…, avevi capito tutto?»

M «Si, io compravo da chi me le vendeva e vendevo a chi me le comprava.»

P.M. «Ha risposto!»

Avv. Martinoli si infuria «RITIRI LA DOMANDA!»

PM «No, ha risposto!»

Questa parte non risulta a verbale

Si continua …

PM «Perché io fornivo auto alle concessionarie, esatto»

Avv. Martinoli «Passiamo alla rilettura. Se sono precisazioni su quello che abbiamo già detto e riportarle precisamente, è un conto. Se si vanno a fare altre domande»

PM «È tutto registrato, questo viene trascritto tutto»

M.llo Mugo «Rileggendo dall'ultima risposta: I documenti che mi vengono mostrati è la prima volta che li vedo. Io ho ricevuto e prodotto alla Guardia di Finanza documenti di cessione del credito redatti in lingua italiana. Sicuramente era uno e mi ha insospettito il fatto che la copia diretta per conoscenza alla ditta polacca era comunque redatta solo in lingua italiana. Domanda che ho inserito: Lei, quindi, era pienamente a conoscenza che ognuno di voi aveva un ruolo ben specifico nel meccanismo di importazione delle auto? Sì, io mi rivolgevo a chi mi poteva vendere la macchina».

Avv. Martinoli «Io mi oppongo a questa domanda perché è stata fatta ora a seguito della chiusura dell'interrogatorio in un momento in cui stavamo già rileggendo il verbale e non è una precisazione, ma è una domanda»

PM «È una domanda che è verbalizzata»

Avv. Martinoli "L'avvocato Martinoli si oppone a questa domanda essendo stata formulata e verbalizzata in corso di rilettura del verbale»

PM «Il verbale non è stato ancora chiuso perché il verbale si chiude quando si firma, Il P.M. prende atto, evidenzia che in ogni caso il verbale è ancora aperto e che è in corso la registrazione dell'intero atto istruttorio»

Avv. Martinoli «Per altro è anche un po' suggestiva»

M «Tendenziosa, direi, nel senso che ognuno aveva il suo meccanismo cosa vuol dire?»

PM «Lei è un indagato, o risponde o non risponde. Mi ha risposto e abbiamo verbalizzato. Fosse stato un teste, si poteva parlare di suggestione»

PM «Comunque, lei era al corrente che ognuno aveva il suo ruolo in tutta questa storia?»

M «Sì»

PM «Non è che si è trovato in un giro nel quale non sapeva neanche lei come girasse? Ognuno aveva un bel ruolo definito, lei aveva il suo, gli altri avevano quello di procurare la macchina, poi c'era quello che se la doveva comprare?»

Avv. Martinoli «Se vogliamo dire che certamente il signore faceva parte di un'associazione a delinquere, direi di no»

PM «Grazie, avvocato. La risposta deve arrivare dall'indagato»

M «Dipende che cosa intende per ruolo nel senso che io compravo e vendevo, facevo l'intermediazione»

PM «Sapeva perfettamente che [Alessandro] comprava per lei e che [Manuela] comprava da lei?»

M «[Alessandro] comprava per me perché gli ordinavo le auto, ovviamente»

PM «Perché era in grado di comprargliele?»

M «No, era in grado di procurarle»

PM «Di procurargliele, esatto»

M «E [Alessandro] me le procurava perché sapeva comunque che anch'io come lui facevo l'intermediario, acquistavo sul venduto, cioè gliele ordinavo perché erano già state vendute»

PM «Se lei non avesse avuto il [Alessandro], il [Enzo] o il [Ciro] di turno, come faceva a procurarsi le auto? Si doveva trovare un altro [Alessandro], un altro [Ciro] e un altro [Enzo]?»

M «Un altro importatore»

106 [numero trovato nella trascrizione dell'interrogatorio]

PM «Un altro importatore»

M «Un altro intermediario, un altro fornitore, sì»
PM «Io mi rivolgevo a chi mi poteva vendere la macchina perché io facevo l'intermediario per un terzo acquirente, una concessionaria acquirente».
M «Perché io fornivo auto alle concessionarie»

Alle ventuno passate finisce l'interrogatorio di garanzia, dopo qualche giorno mi revocano i domiciliari, è fine marzo, mi condannano ad un anno di firma due volte la settimana. Devo cambiare casa immediatamente, come da programma viaggio leggero, ho tutte le mie cose in un garage, sto eliminando il superfluo. Cerco informazioni nel web sulla dott.ssa Antonelli, sono stupito della modalità di manipolazione da quattro soldi che ha tentato di usare nell'interrogatorio; nel mio immaginario i magistrati sono persone estremamente competenti, cerco di ricordami della toga di Pietro e dei suoi video quando parla; vediamo cosa emerge facendo ricerche sulla PM Dott.ssa Elvira Antonelli: quinto livello di attendibilità, specializzata in minori. Penso: "roba da mettersi le mani nei capelli"; mettiamo che in un caso di stupro di una minorenne l'avvocato della difesa dica alla stuprata «Che cosa le ha chiesto il mio cliente»

Vittima «Se gli andava di fare due chiacchere con lui»

Avv. Difesa «Lei cosa gli ha risposto?»

Vittima «Sí, sto aspettando il mio ragazzo!»

Avv. difesa «Quindi lei aveva capito tutto»

Vittima «Sí, io stavo aspettando il mio ragazzo»

Avv. difesa «Ha risposto, secondo il metodo Antonelli ha risposto, non vi è stato stupro»

Prima di traslocare mi reco al comune di Seriate a chiedere un'autentica di fototessera, porto con me le copie a colori dei miei documenti ed il passaporto scaduto, un'impiegata me la sta per fare, ma un'altra inizia a fare l'oca, le impedisce di farmi l'autentica.

SPOSTAMENTI, SCIARPE E BAVAGLI

Molto meglio il lupo solitario del cane servile.
(George Orwell)

Mi sposto a San Paolo d'Argon (BG) in condivisione con un ragazzo del paese, mi sento un po' più tranquillo, di nuovo anonimo e penso a come contrattaccare, ma arriva un imprevisto. Al piano sotto al mio ci vive una coppia di signori, il figlio è in carcere e sta tornando a casa, ai domiciliari, dopo due settimane dal mio arrivo. Mentre sto uscendo con la mia auto dal parcheggio col mio coinquilino, ci ferma una pattuglia dei carabinieri. Sono convinti che siamo dei clienti del nostro vicino, pensano che siamo venuti dal tizio ai domiciliari a comprare la dose di cocaina. Non ci credono quando diciamo loro che abitiamo lí. Il mio coinquilino va a prendere il contratto d'affitto in casa, glielo mostra e questi si calmano. Nonostante questo, ora sanno dove abito, vi è una traccia. Nei giorni successivi mi reco all'anagrafe di San Paolo d'Argon con due testimoni a chiedere un'autentica di fototessera, mi serve per rifare i documenti, l'impiegata bassa e con i capelli neri in modo ridicolo mi rilancia indietro i fogli con un sorrisetto «Su, su, vada in altro comune a chiedere» feccia dello stato, solo qui avete un lavoro, nel privato non trovereste un posto nemmeno a raccogliere cartacce da terra. Dopo tre mesi, torno nell'appartamento dove stavo prima, a Seriate, verso Natale mi sposto a bergamo centro, periferia ovest per un paio di mesi, poi cambio di nuovo e mi sposto dalla parte opposta, periferia sud-est in una traversa di via Broseta. Ora non sanno dove sono, vorrei dire che sono tranquillo ma sarebbe una menzogna, sono anni che vivo in questo modo, mi sto abituando. Il trasloco è secondo solo al lutto per livelli di stress ed io ne faccio quattro all'anno dal duemiladieci.

Sono in via Sant'Orsola, in direzione via XX Settembre, sulla stessa via, ma in direzione opposta c'è Eli. Sicuramente sta andando a lavorare nel negozio di abbigliamento di Ines e socio, sito di fronte alla basilica di Sant'Alessandro. Mi vede in lontananza e con un colpo rapido della mano destra fa salire la sciarpa a coprirle il volto dal naso in giù. Mi passa accanto, continuando a tenere la testa dritta e guarda alla sua sinistra in mia direzione, ha gli stessi occhi di quando raccontò di essere stata esclusa dall'indagine relativa a Praderio, presumo che in questo caso il sorrisetto che ha dietro la sciarpa è perché pensa: "non mi ha riconosciuto, mi sono coperta il volto in tempo". Io faccio finta di nulla e continuo a guardare avanti, sono comunque contento della situazione, mi viene in mente una cosa: Eli studia psicologia mentre lavora come commessa, una mia amica che si è laureata alla triennale, mi ha detto che la facoltà di psicologia a bergamo è specializzata nella manipolazione legata ai consumi, mi chiedo se abbiano usato un metodo scientifico per la diffamazione ai miei danni. Eli ha la coscienza sporca ed ora è preoccupata ed ha paura. Il tutto nonostante sia protetta dalle divise sporche. Non capisco dove ho sbagliato, faccio sempre il tonto, inutile logorarmi, vedremo lo svolgersi degli eventi.

INDICE